Plus de 30 tests pour se préparer et réussir !

1re année MATHÉMATIQUE

Colette Laberge

Plus de 30 tests pour se préparer et réussir !

1re année MATHÉMATIQUE

Illustrations : Agathe Bourret-Bray et Julien Del Busso
Conception graphique et mise en pages : Folio infographie
Couverture : Cyclone Design
Illustration de la couverture : EyeWire Images
Correction d'épreuves : Audrey Faille

Imprimé au Canada

ISBN 978-2-923351-94-0
Dépôt légal – Bibliothèque et Archives nationales du Québec, 2007

TABLE DES MATIÈRES

Plus de 30 tests pour se préparer et réussir est un ouvrage qui s'adresse aux parents qui veulent aider leurs enfants à progresser dans leur cheminement scolaire. Ce livre vise à tester les connaissances de votre enfant et vérifier quelles notions sont bien apprises et lesquelles nécessitent un peu plus de travail.

Nous avons divisé le livre en 16 sections qui couvrent l'essentiel du Programme de formation de l'école québécoise. Votre enfant pourra ainsi revoir à fond la majorité des notions apprises au courant de l'année scolaire. Vous n'avez pas à suivre l'ordre des sections. Vous pouvez travailler les sujets selon ce que votre enfant a déjà vu en classe.

Le principe est simple : un premier test portant sur une notion spécifique vous donnera une idée de ce que votre enfant connaît et des éléments qu'il ou elle doit travailler. Si le premier test est réussi, le test suivant, qui porte sur un autre sujet, peut alors être entamé. Si vous voyez qu'il ou elle éprouve quelques difficultés, une série d'exercices lui permettra d'acquérir les savoirs essentiels du Programme du ministère de l'Éducation, du Loisir et du Sport. Un deuxième test est donné après la première série d'exercices dans le but de vérifier la compréhension des notions chez votre jeune. Si ce test est réussi, le test suivant devient alors son prochain défi, sinon, une autre série d'exercices lui permettra de s'exercer encore un peu plus. Chacun des 16 chapitres de cet ouvrage sont tous ainsi divisés.

Les exercices proposés sont variés et stimulants. Ils favorisent une démarche active de la part de votre enfant dans son processus d'apprentissage et s'inscrivent dans la philosophie du Programme de formation de l'école québécoise.

Cet ouvrage vous donnera un portait global des connaissances de votre enfant et vous permettra de l'accompagner dans son cheminement scolaire.

Bons tests !

Colette Laberge

1. Écris les nombres suivants en chiffres.

a) deux ______________ b) dix ______________

c) quatre ______________ d) vingt-huit ______________

2. Compte et écris combien il y a d'objets dans chaque rectangle.

a) b)

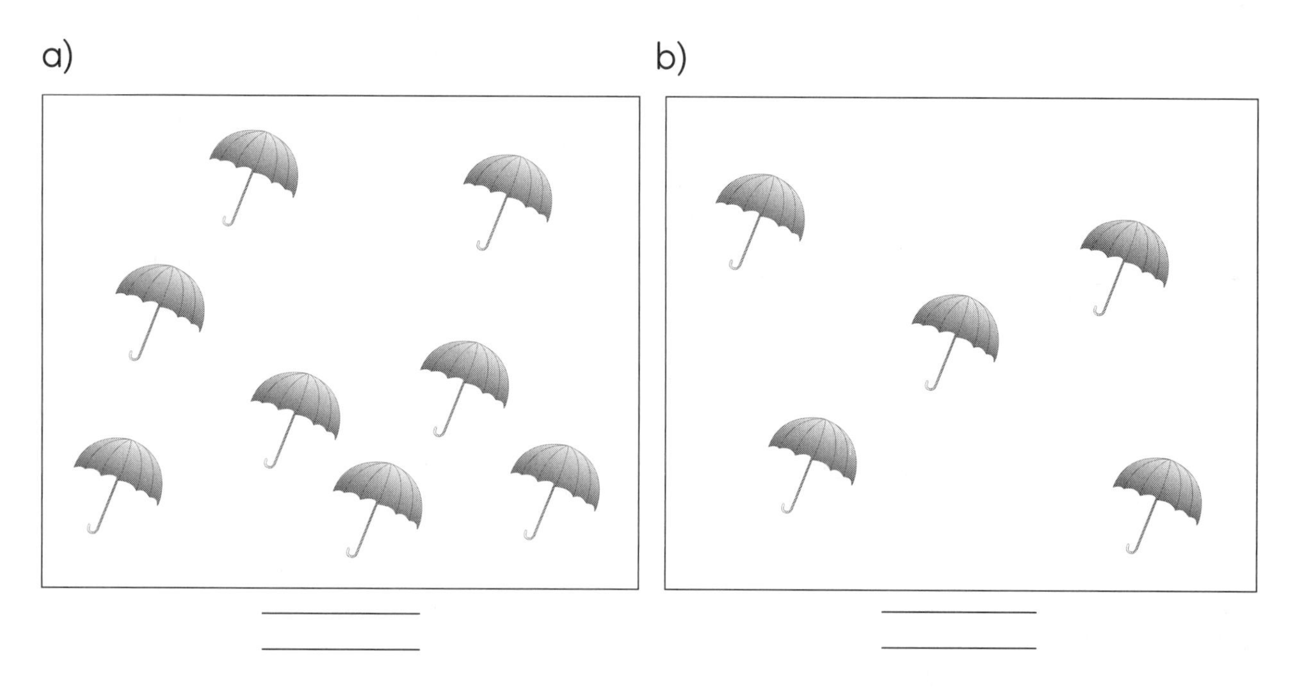

c) d)

3. Lis à haute voix les nombres suivants :

9, 21, 36, 50, 1, 15, 44

1. **Exerce-toi à calligraphier les nombres.**

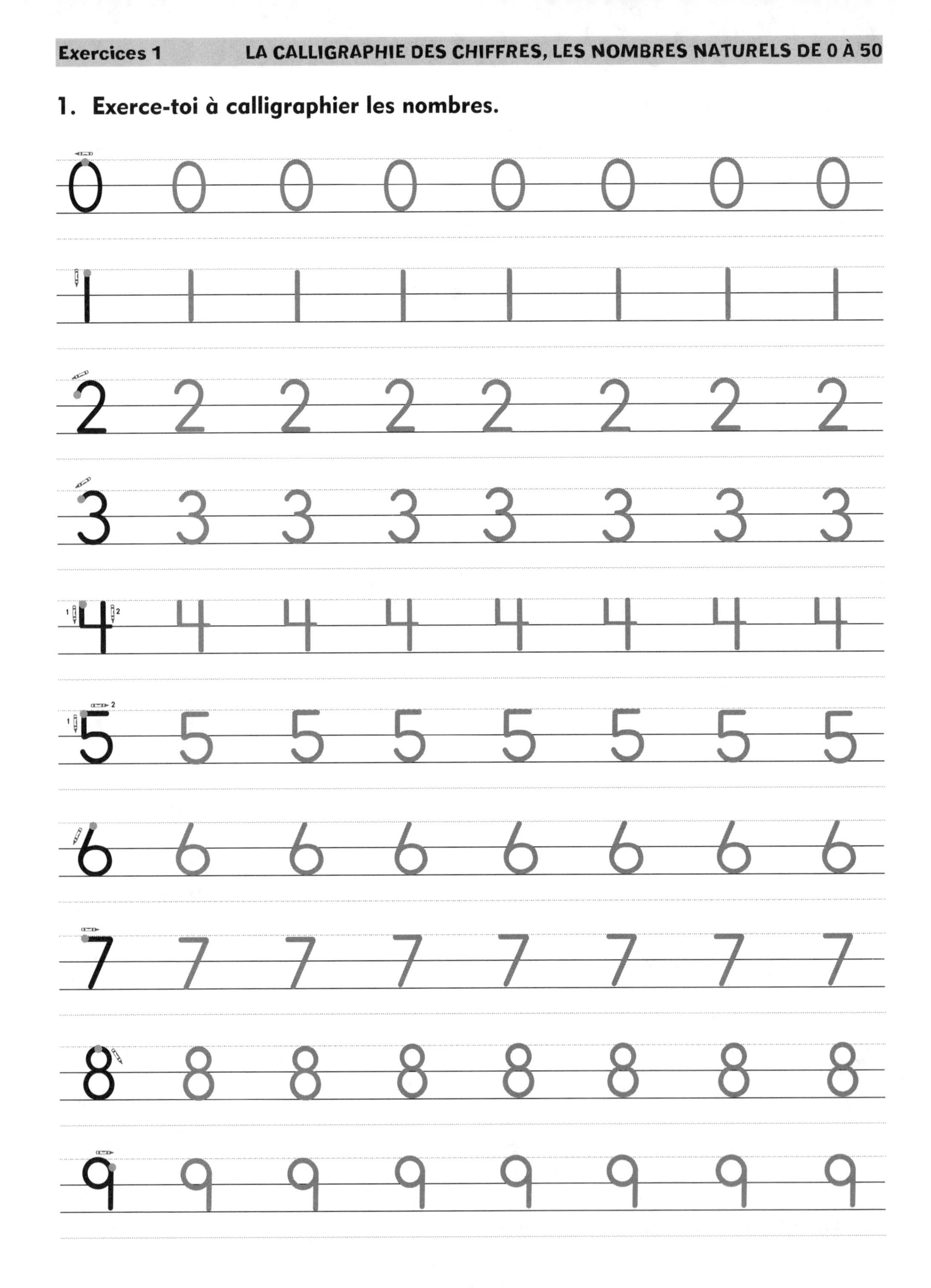

2. Dessine autant de points qu'on te le demande sur la coccinelle.

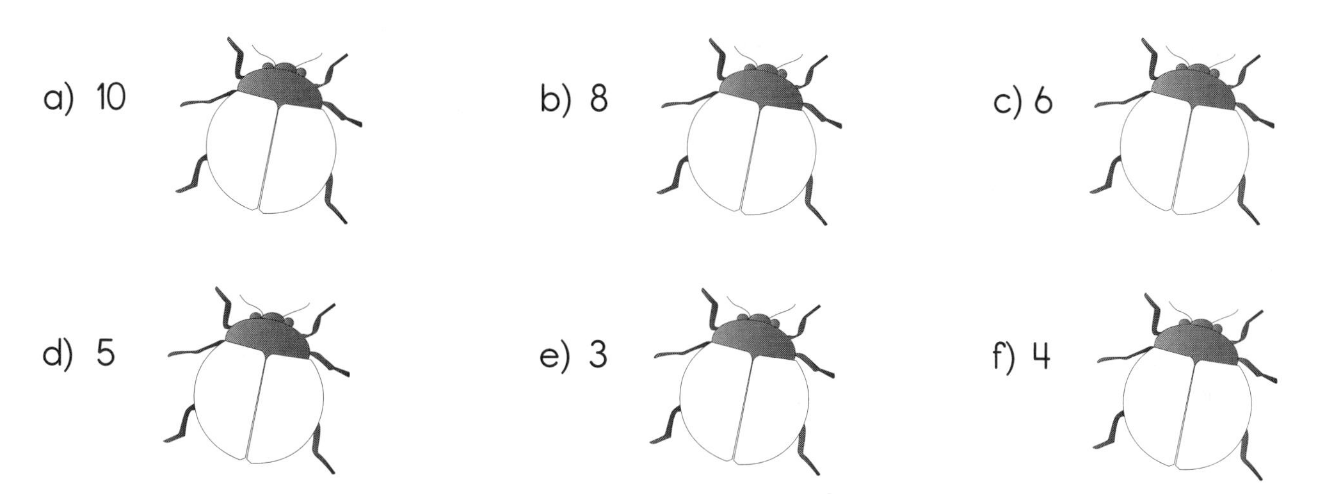

3. Encercle autant d'éléments qu'on te le demande.

a)

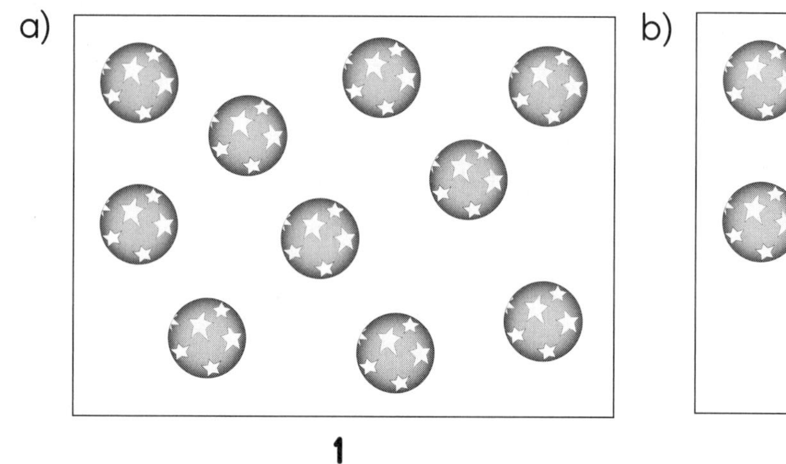

1

b)

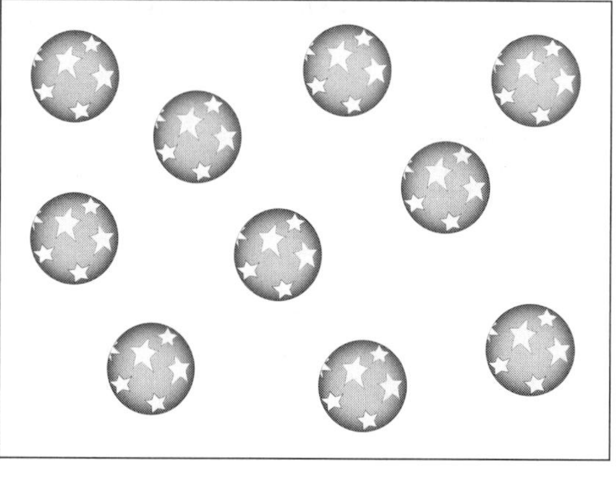

5

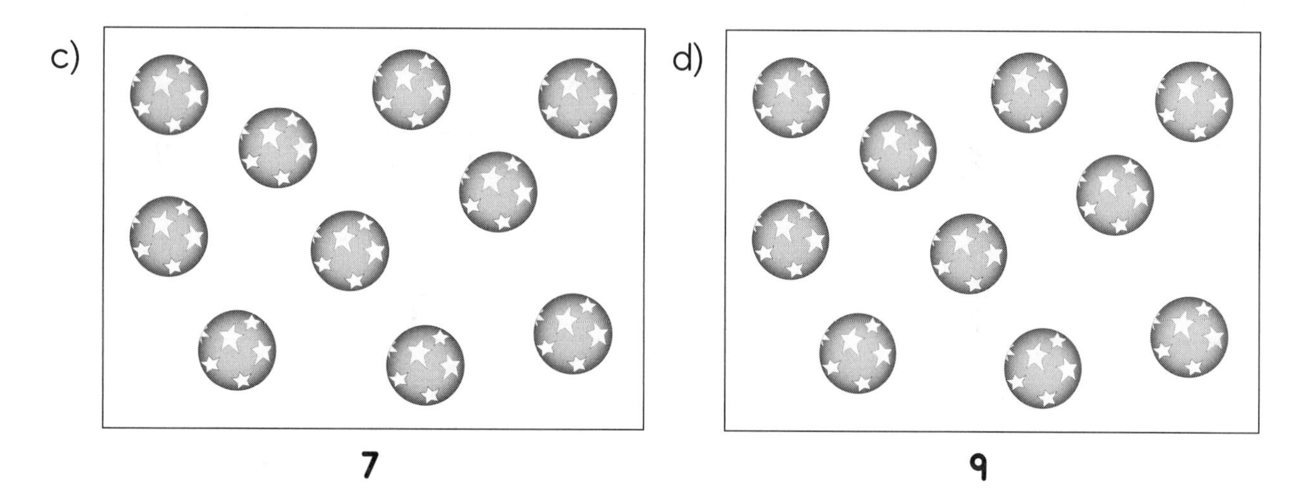

7

9

4. Écris les nombres de 1 à 10.

____

____

5. Quels nombres de 1 à 20 sont absents de cette grille ?

9	10	6	2
4	1	15	12
17	18	7	3

____

____

6. Écris les nombres manquants.

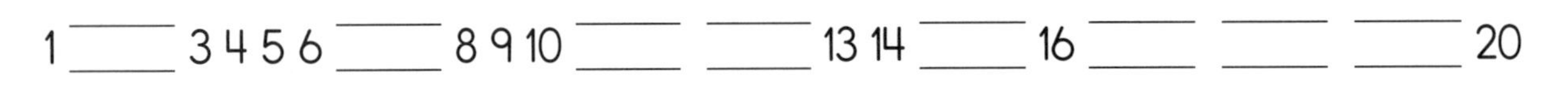

7. Écris le nombre manquant.

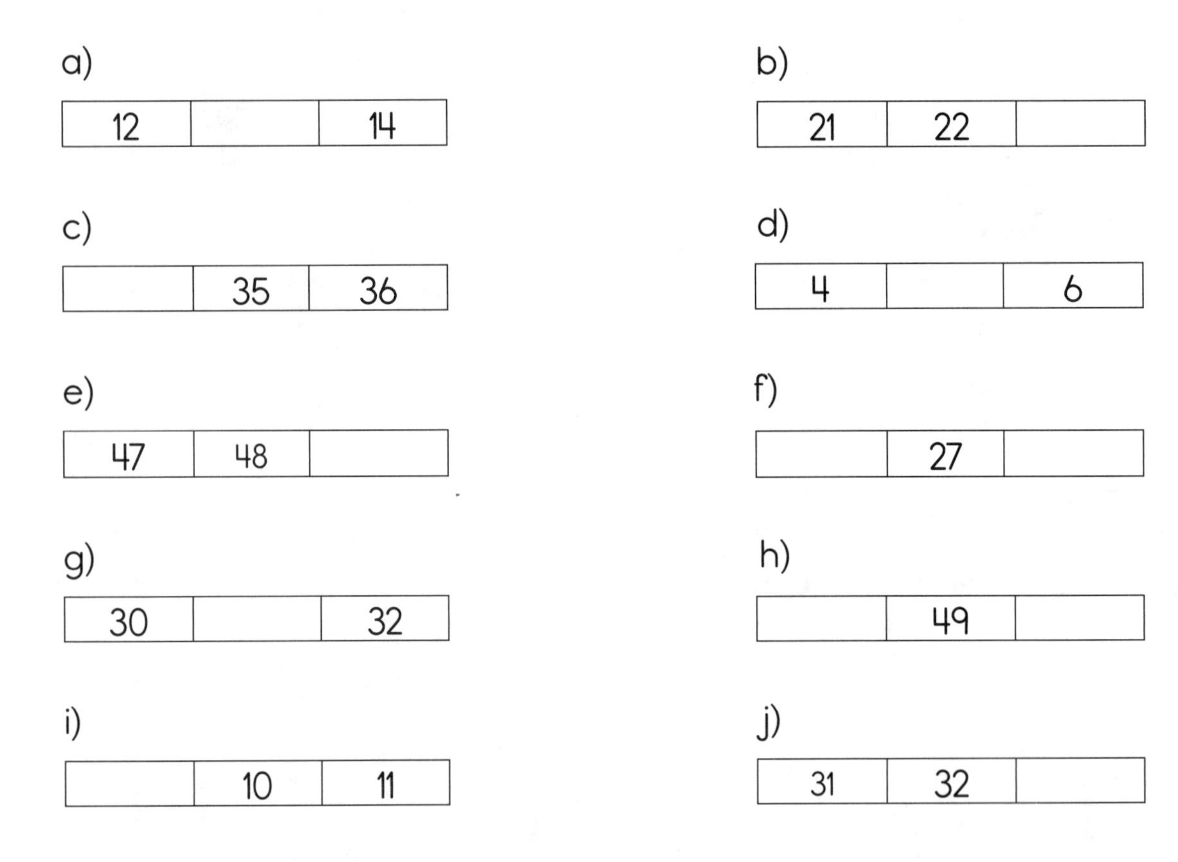

1. Écris les nombres de 20 à 30.

____

____

____

____

2. Complète le tableau des nombres de 0 à 49.

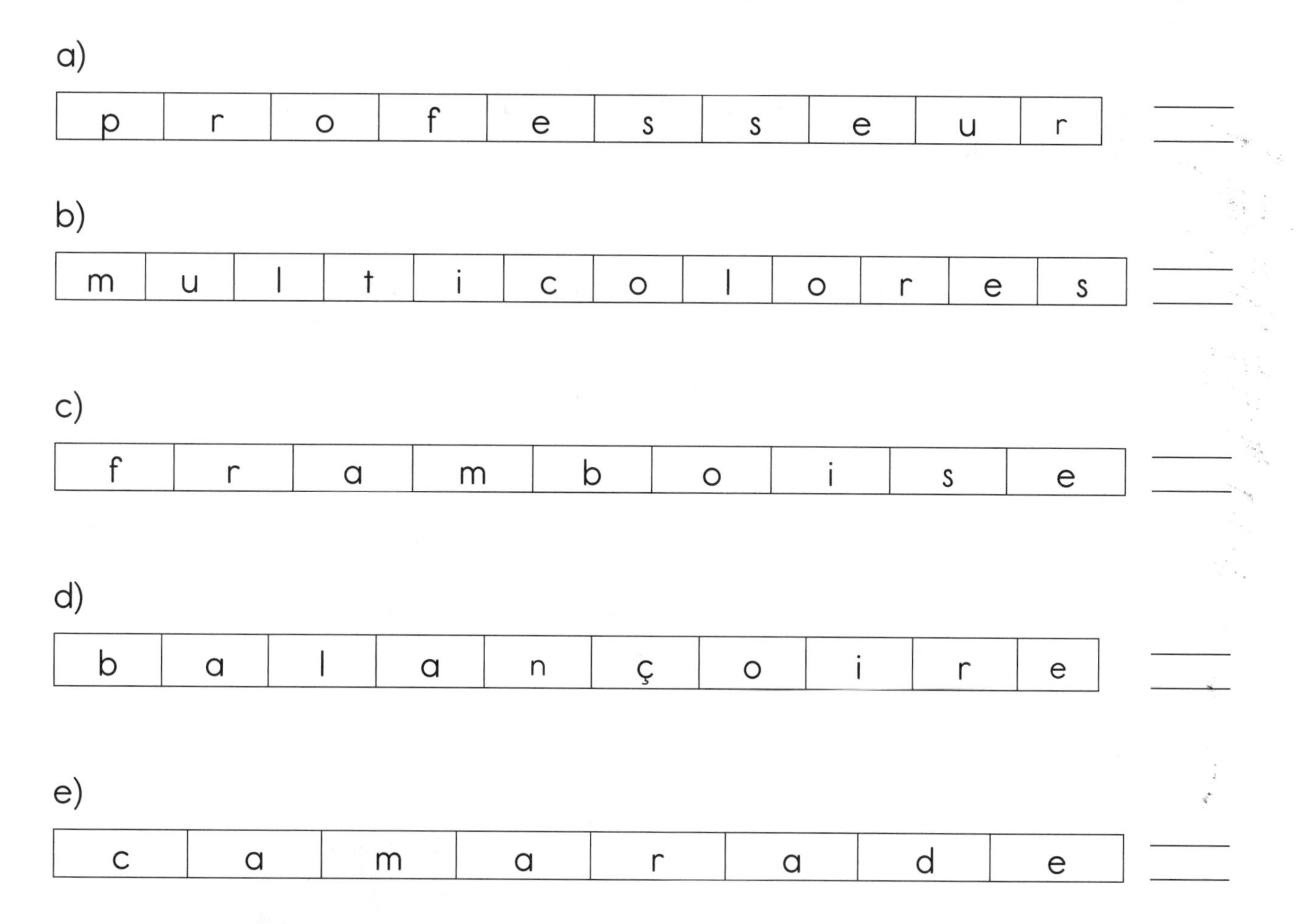

0		2		4					9
10			13			16			
20	21						27		
30					35			38	
40				44					

3. Écris combien de lettres chaque mot compte.

a)

p	r	o	f	e	s	s	e	u	r

______

b)

m	u	l	t	i	c	o	l	o	r	e	s

______

c)

f	r	a	m	b	o	i	s	e

______

d)

b	a	l	a	n	ç	o	i	r	e

______

e)

c	a	m	a	r	a	d	e

______

1. Relie les nombres pour découvrir l'image mystère.

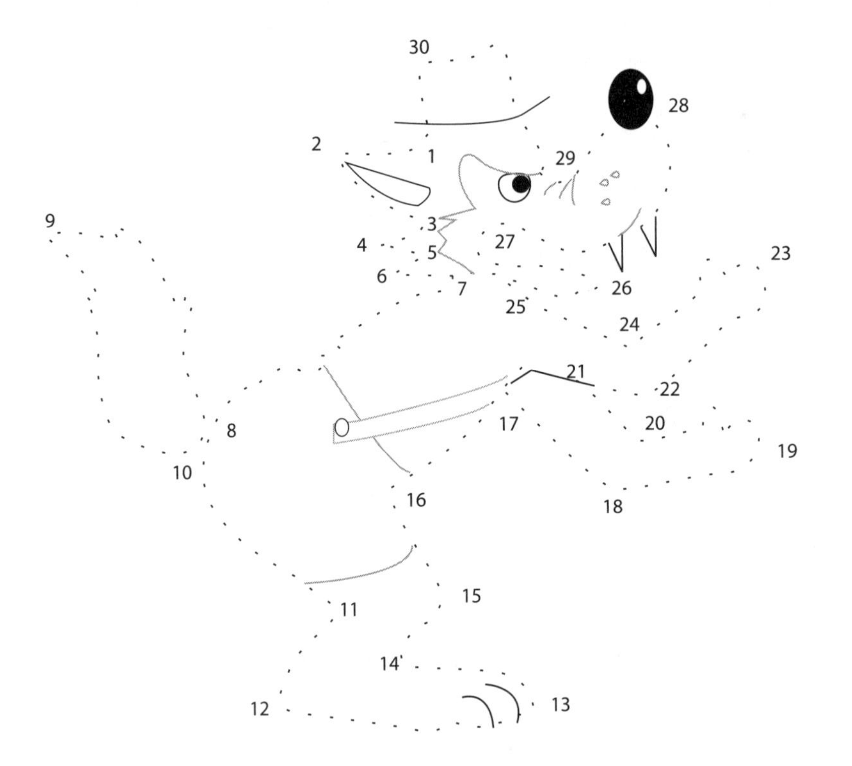

2. Le petit chat cherche sa maman. Aide-le à la trouver en suivant les nombres de 20 à 50.

3. Écris les nombres entre 30 et 50.

____

____

____

____

4. Complète les suites.

a)

1		3		
	7			10
			14	

b)

21		23		
	27			30
			34	

c)

34				38
		41		
	45			

5. Encercle les nombres qui contiennent le chiffre 3.

15 16 17 18 19 20 21 22 23 24 25 26 27 28 29 30 31 32 33

6. Écris les nombres en chiffres.

a) douze ____________

b) vingt ____________

c) trente-quatre ____________

d) quarante-six ____________

e) zéro ____________

F) cinquante ____________

7. Regarde un calendrier. Compte et écris combien de jours il y a au mois de décembre.

____

8. Compte le nombre de pommes par panier.

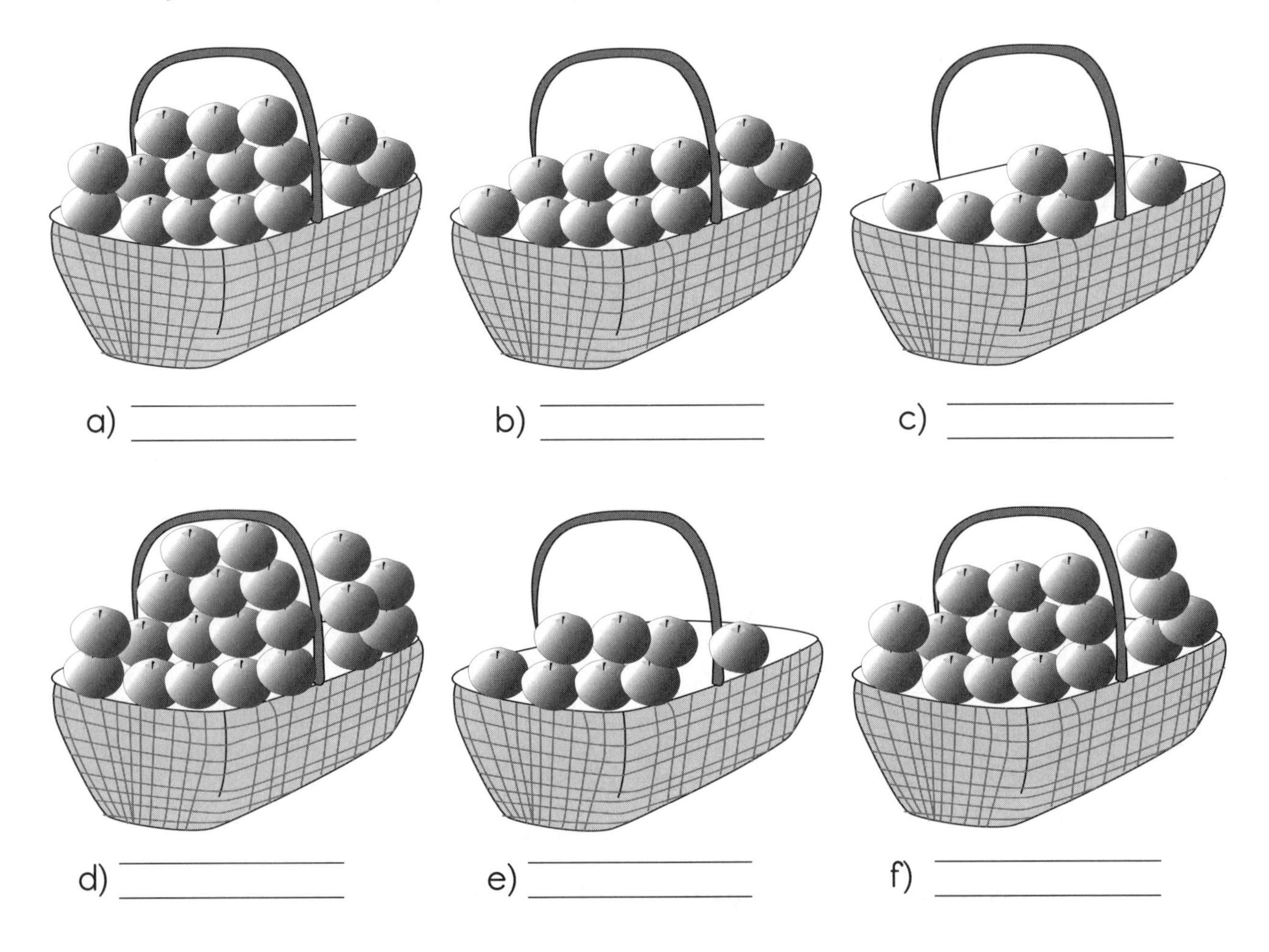

a) ______________ b) ______________ c) ______________

d) ______________ e) ______________ f) ______________

9. Voici les nombres de 1 à 49. Tu peux consulter cette grille si tu doutes de tes réponses ou t'en servir pour mémoriser ces nombres.

0	1	2	3	4	5	6	7	8	9
10	11	12	13	14	15	16	17	18	19
20	21	22	23	24	25	26	27	28	29
30	31	32	33	34	35	36	37	38	39
40	41	42	43	44	45	46	47	48	49

1. Quels nombres compris entre 50 et 70 sont manquants dans la grille ci-dessous ?

53	60	63	51
57	62	66	68
58	50	70	54

____

2. Complète les suites avec les nombres manquants.

a) 58 59 _____ 61 _____ _____ 64 _____

b) _____ 81 _____ 83 _____ _____ 86 _____

c) 75 _____ 77 78 _____ _____ 81 _____ _____

d) 66 _____ _____ 69 _____ _____ 72 _____

3. Écris les nombres de 80 à 100.

____

____

4. Classe les nombres suivants en ordre croissant.

a) 100, 72, 51, 84 _______________ b) 65, 89, 75, 12 _______________

5. Classe les nombres suivants en ordre décroissant.

a) 36, 52, 12, 61 _______________ b) 55, 95, 35, 41 _______________

1. Écris les nombres en chiffres.

a) cinquante ______________ b) quatre-vingt-dix-sept ______________

c) soixante-douze ______________ d) soixante-trois ______________

2. Trouve le bon nombre.

a) Je suis entre 84 et 86 : ______________

b) Je suis immédiatement avant 100 : ______________

c) Je suis immédiatement après 59 : ______________

d) Je suis immédiatement après 74 : ______________

3. Encercle la phrase qui te permet de trouver le nombre souligné.

59 85 94

a)	b)	C)
Je précède immédiatement 59.	Je suis entre 84 et 86.	Je suis entre 87 et 88.

4. Écris les nombres compris entre 67 et 80 qui contiennent le chiffre 8.

____

____

5. Inscris les nombres manquants sur cette fleur.

6. Lequel des bonshommes de neige est le plus grand? Lequel est le plus petit?

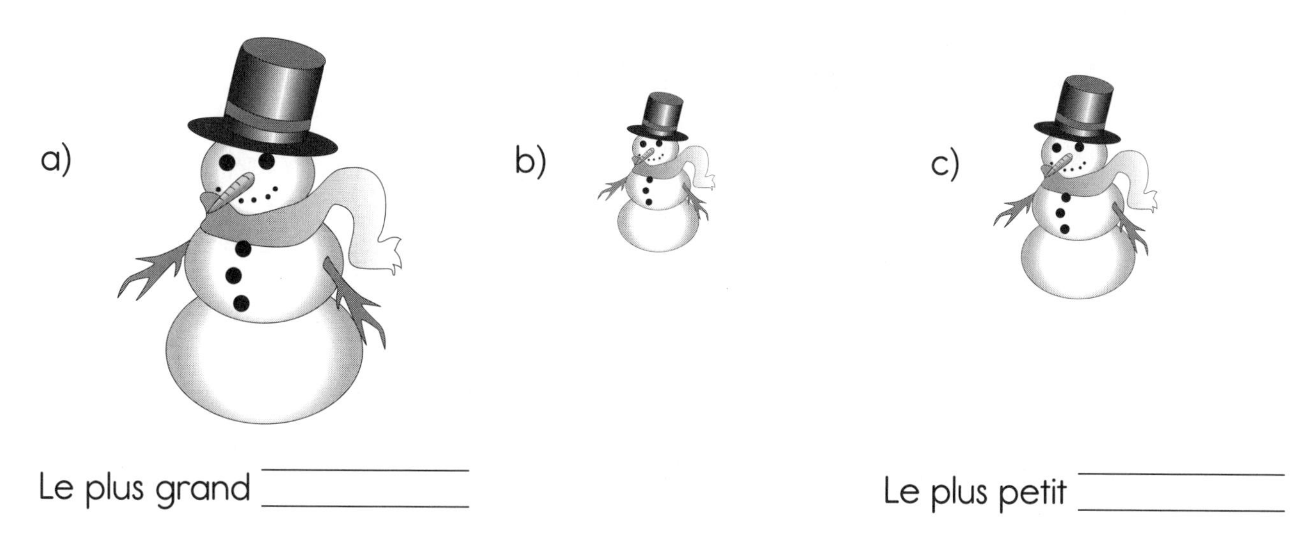

Le plus grand ____________

Le plus petit ____________

7. Écris les nombres en ordre croissant et ensuite en ordre décroissant.

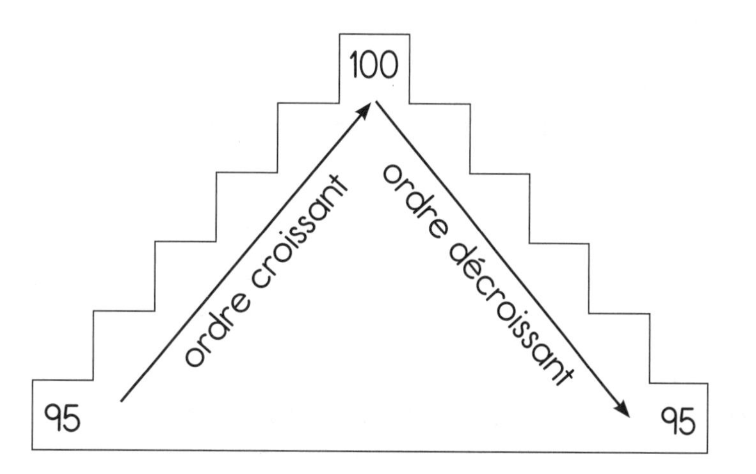

8. Écris les nombres suivants en ordre croissant.

a) 78, 65, 23, 95 ____________

b) 54, 89, 35, 66 ____________

c) 30, 67, 99, 45 ____________

c) 12, 88, 62, 31 ____________

9. Voici les résultats de la course de tortues organisée par les élèves de première année de l'école Marguerite.

Nom	Temps (minutes)
Formule 1	85
Bolide	60
Rapido	80
Express	100
Vito	70

a) Quelle tortue est arrivée la première? ____________

b) Quelle tortue a fini au dernier rang? ____________

c) Quelle tortue est arrivée au 3e rang? ____________

d) Classe les tortues de la plus lente à la plus rapide.

____

____

10. Écris les nombres en chiffres et classe-les en ordre décroissant.

a) soixante et un ____________

b) cinquante-six ____________

c) quatre-vingt-cinq ____________

d) cent ____________

d) soixante-quinze ____________

e) quatre-vingt-quatorze ____________

____

1. Complète le collier des nombres compris entre 50 et 16.

2. Écris les nombres de 75 à 95 en ordre croissant.

____

____

3. Écris les nombres de 100 à 80 en ordre décroissant.

____

____

4. Complète les suites suivantes.

a) 10 ____ 12

b) ____ 25 ____

c) 33, 34 ____

Test

1. Suis le chemin des nombres compris entre 50 et 90 dans l'ordre croissant.

50	51	52	72	98	84	56	65	78	74	52	93	81	75	96
75	86	53	67	82	61	77		50	77	56	63	98	55	71
89	78	54	81	66	62	62	77	68	69	70	71	54	92	85
53	62	55	92	53	63	70	83	67	96	54	72	80	72	74
74	93	56	99	80	64	80	74	66	89	69	73	93	70	66
61	85	57	100	78	88	96	57	65	52	52	74	66	60	68
95	66	58	59	60	61	62	63	64	74	97	75	87	55	55
83	51	96	85	74	52	99	87	59	56	55	76	92	61	52
80	69	78	100	66	74	73	95	60	85	90	77	57	74	66
71	78	91	77	59	85	63	60	70	61	88	78	79	80	52
60	59	85	59	99	96	81	71	99	88	94	55	68	81	96
94	60	73	70	54	77	96	55	54	65	77	84	83	82	74
72	88	55	93	60	56	87	86	55	72	71	85	57	66	98
66	96	63	52	77	63	56	74	63	61	66	86	75	99	100
97	83	97	69	80	60	63	61	62	77	74	87	88	89	90

2. Suis le chemin des nombres compris entre 80 et 95.

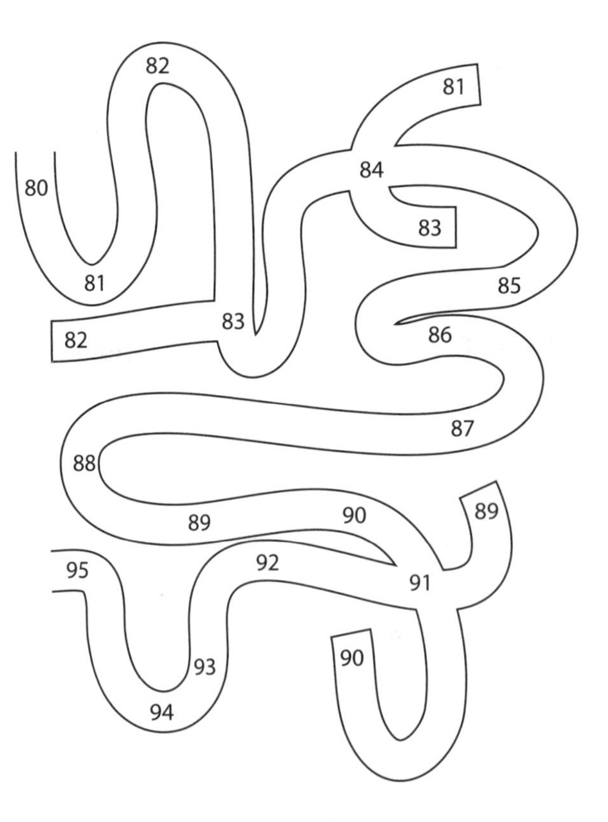

Exercices

3. Replace cette suite de cartes en ordre croissant en numérotant 1 la plus petite carte et la plus grande, 4.

4. Replace cette suite de cartes en ordre décroissant en numérotant 1 la plus grande carte et la plus petite, 4.

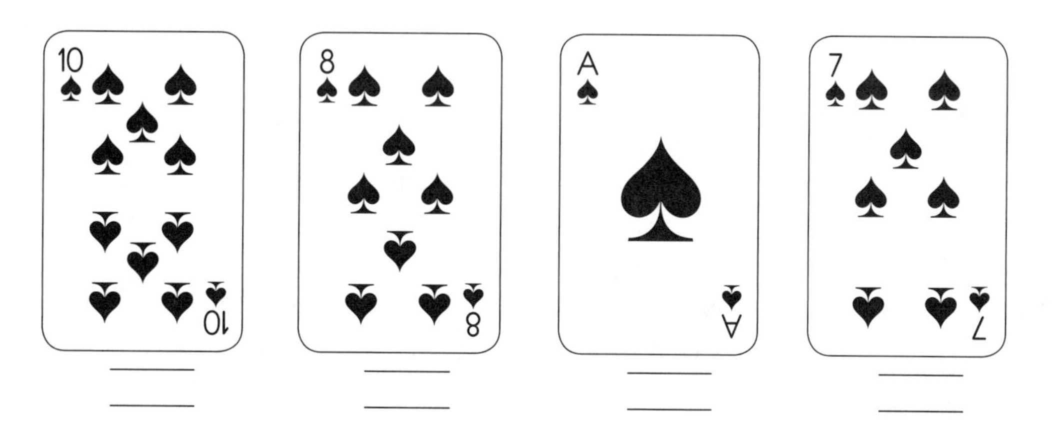

5. Colorie seulement les nombres de 50 à 59 pour découvrir l'image mystère.

6. Stéphane collectionne toutes sortes d'objets. Regarde ce qu'il possède et réponds aux questions.

Billes bleues : 50
Yoyos : 13
Cartes de hockey : 79
Gommes à effacer : 97
Porte-clés : 7
Figurines soldats : 27

a) Laquelle de ses collections a le plus d'objets ? ____________________

b) Laquelle a le moins d'objets ? ____________________

d) Classe ses collections en ordre croissant (de celle qui contient le moins d'objets à celle qui en contient le plus).

____
____
____
____

e) Laquelle est sa troisième collection en importance ? ____________________

7. Dessine en ordre décroissant quatre ballons de grandeurs différentes en commençant par le plus gros et en finissant par le plus petit.

1. Encercle la case qui contient le plus grand nombre.

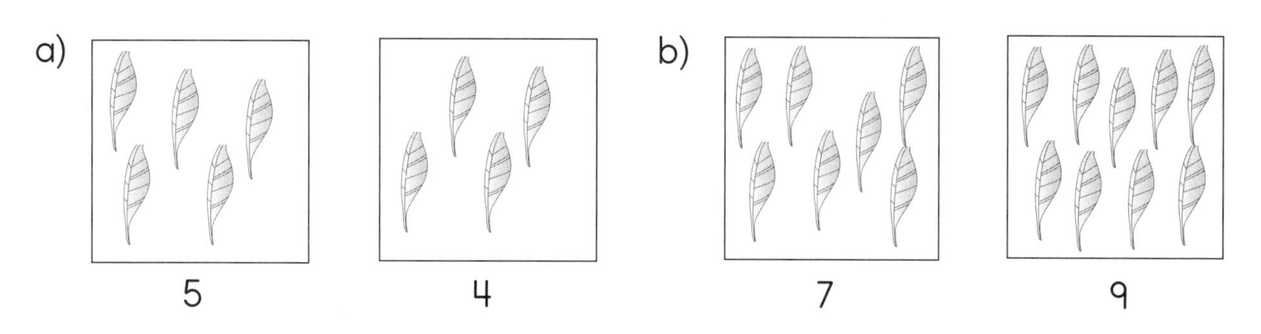

2. Encercle la case qui contient le plus petit nombre.

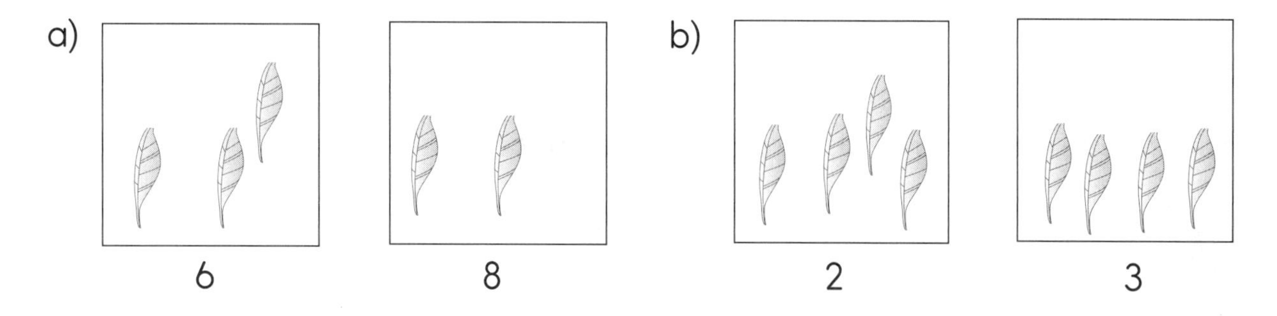

3. Fais un x les deux ensembles qui contiennent autant d'éléments.

a) b)

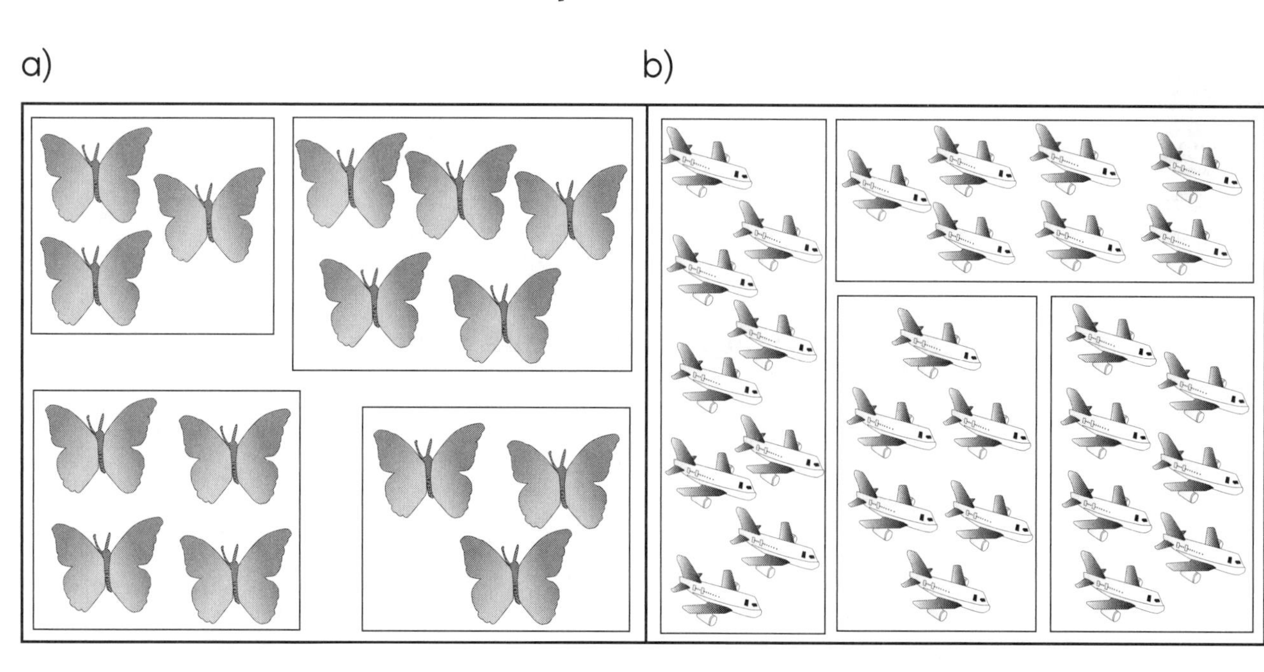

4. Utilise les symboles <, > ou =.

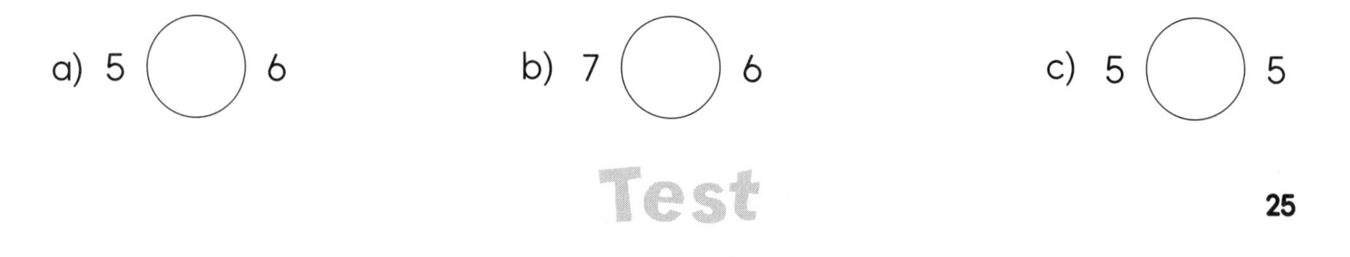

1. Encercle le plus petit nombre dans chaque colonne.

a) 12
17
52
8

b) 94
35
21
56

c) 89
35
72
97

d) 5
66
99
41

2. Encercle le plus grand nombre dans chaque colonne.

a) 17
55
71
39

b) 44
31
15
99

c) 65
76
95
100

d) 80
77
1
44

3. Encercle les nombres identiques dans chaque colonne.

a) 53
45
53
7

b) 100
66
21
66

c) 25
73
73
75

d) 15
15
36
87

4. Compte les papillons et utilise les symboles <, > ou =.

5. Compare les nombres et écris <, > ou =.

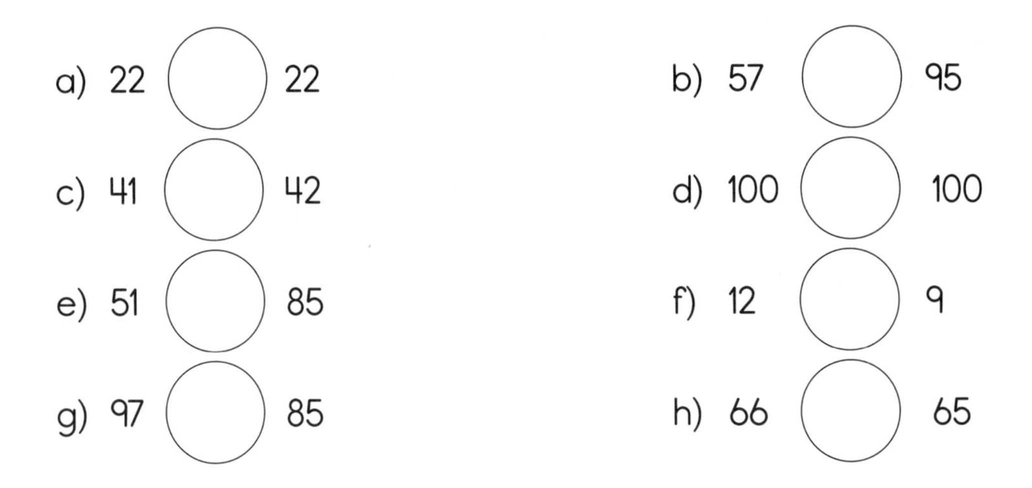

a) 22 ◯ 22
b) 57 ◯ 95
c) 41 ◯ 42
d) 100 ◯ 100
e) 51 ◯ 85
f) 12 ◯ 9
g) 97 ◯ 85
h) 66 ◯ 65

6. Dans chaque rangée, encercle les nombres qui sont plus grands que celui dans la bulle.

a) **97** 89 75 99 52
b) **25** 12 18 27 2
c) **50** 63 45 78 93
d) **36** 33 39 42 60

7. Dans chaque rangée, encercle les nombres qui sont plus petits que celui dans la bulle.

a) **12** 56 47 89 9
b) **91** 97 56 21 90
c) **48** 41 63 17 15
d) **54** 65 21 53 55

8. Dans chaque rangée, encercle le nombre qui est égal à celui dans la bulle.

a) **10** 35 10 46 89
b) **80** 56 79 88 80

1. Dessine ce qu'on te demande.

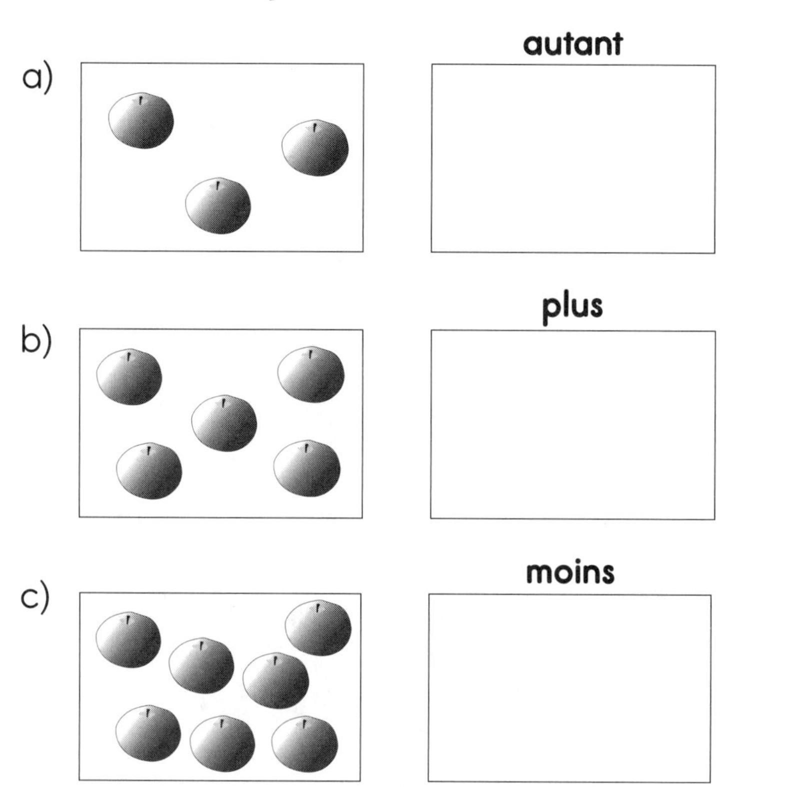

2. Écris <, > ou =.

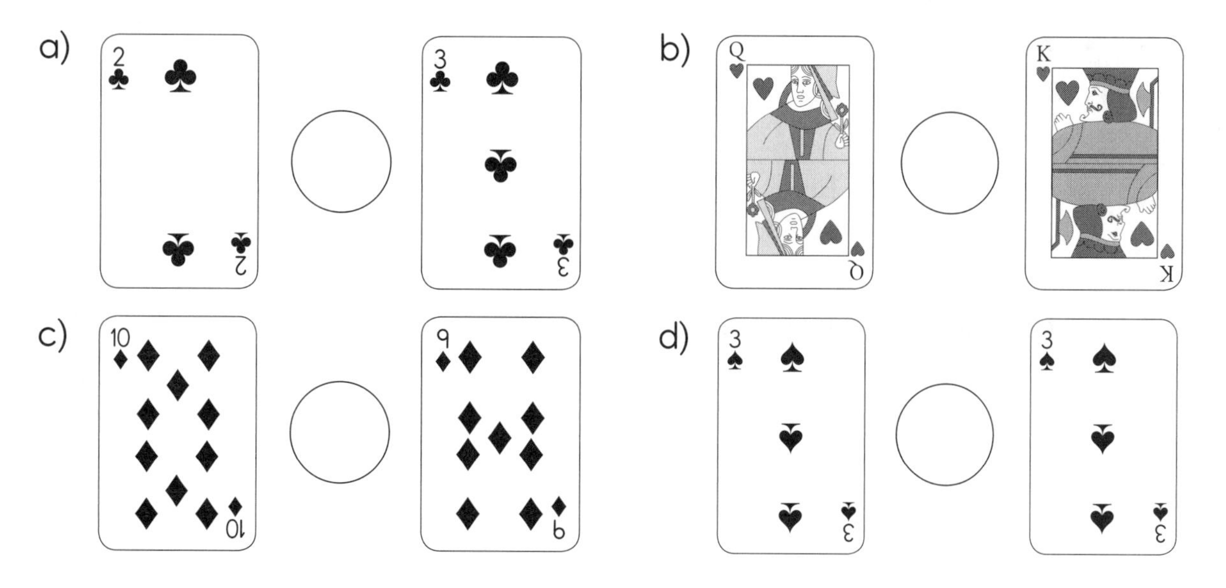

3. Fais un x sur la case qui en a plus que la première case.

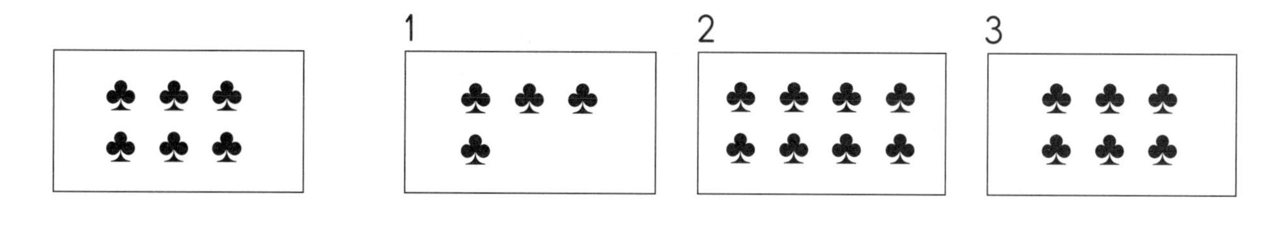

1. Remplis les cases avec les nombres de ton choix.

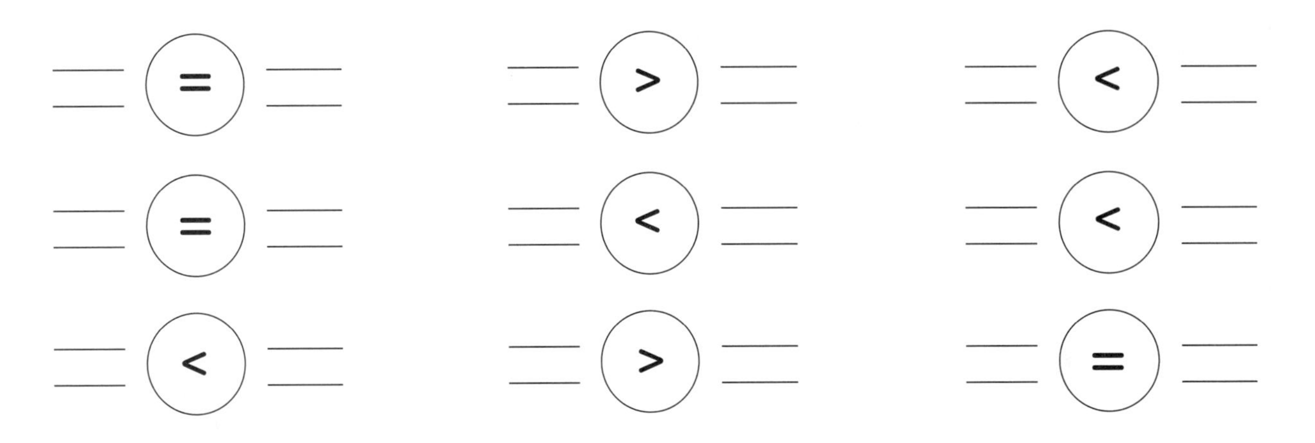

2. Dessine ce qui est demandé.

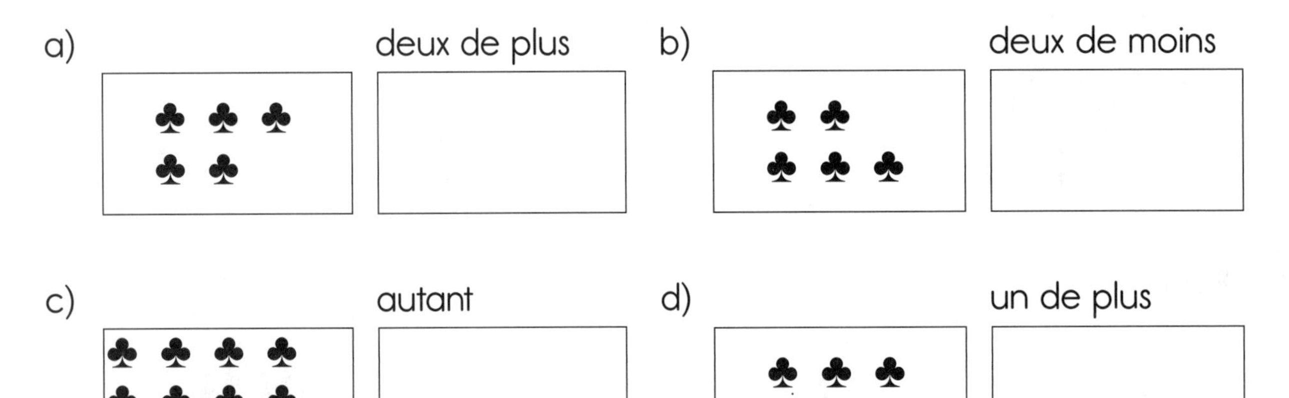

3. Dessine deux ensembles :

a) qui contiennent le même nombre.

b) dont le premier a un élément de plus.

c) dont le deuxième a deux éléments de moins.

4. Trouve le nombre mystère en te servant des nombres de 1 à 9.

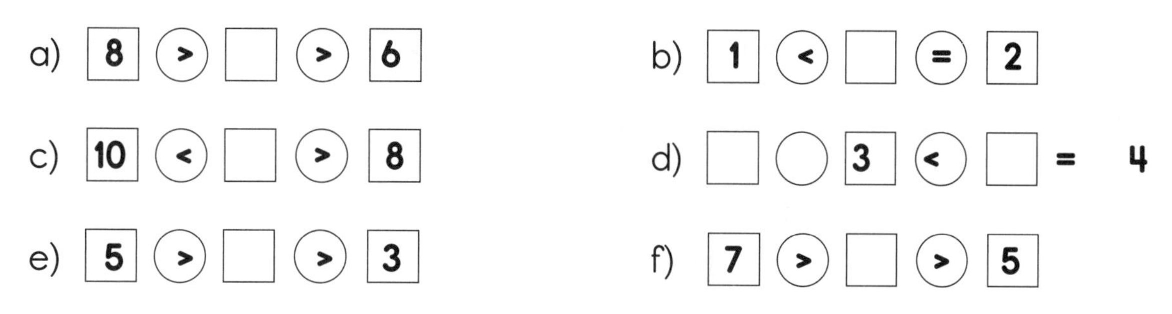

5. Colorie en noir les nombres plus grands que 5.
Colorie en jaune les nombres plus petits que 2.
Colorie en bleu les nombres plus petits que 3, mais plus grands que 1.
Colorie en gris les nombres plus petits que 5, mais plus grands que 3.
Colorie en violet les nombres plus petits que 6, mais plus grands que 4.

6. À l'aide des indices, suis le chemin pour te rendre à l'arrivée.

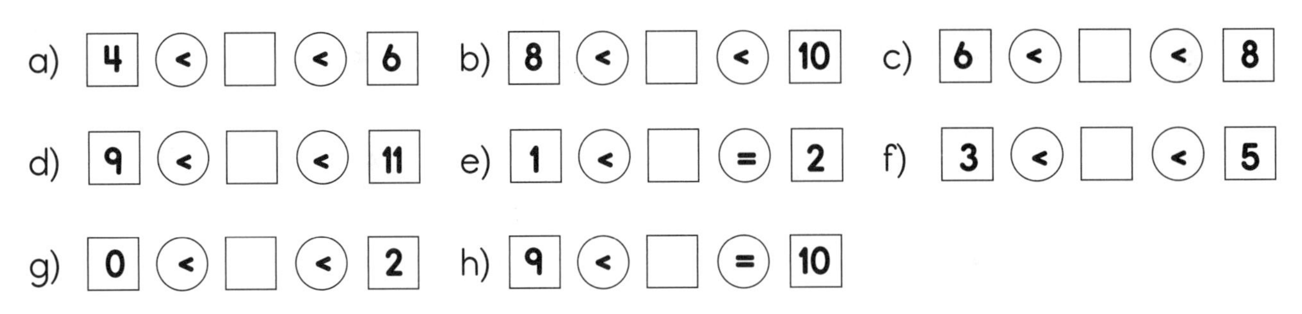

départ

5	9	6	5
10	7	8	3
5	10	2	4
6	4	7	1
3	6	9	10

arrivée

7. Colorie autant de ballons rouges que de ballons bleus.

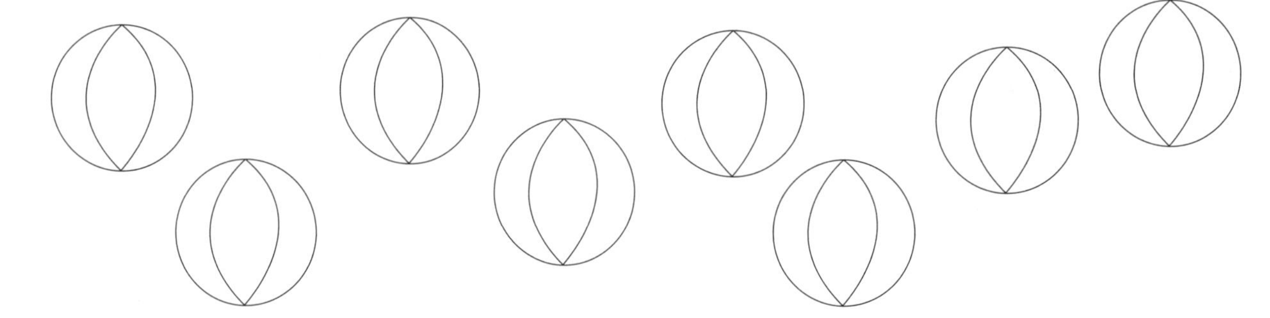

8. Écris les nombres entre 35 et 50 qui sont plus petits que 40.

____

____

9. Écris les nombres entre 80 et 100 qui sont plus grands que 90.

____

____

10. Invente un jeu de nombre mystère à l'aide de <, > et =.

____

____

1. Compte le nombre d'objets par cercle et écris-le sur l'étiquette. Ensuite additionne ces deux nombres pour savoir combien il y a d'objets par case.

a)

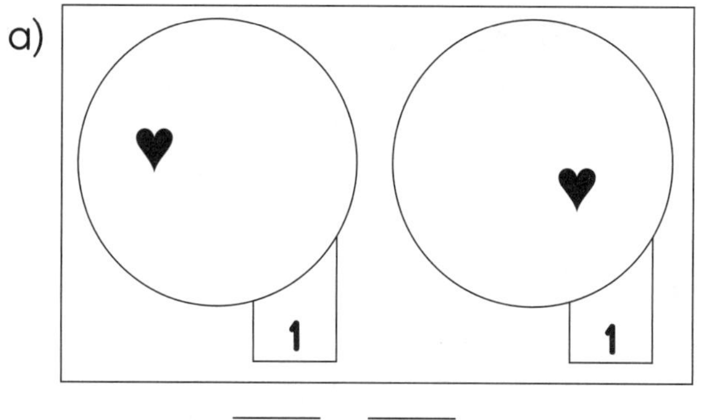

b)

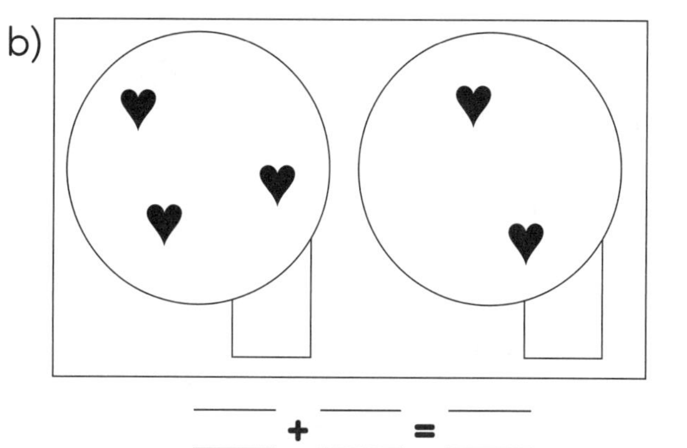

____ + ____ = ____

c)

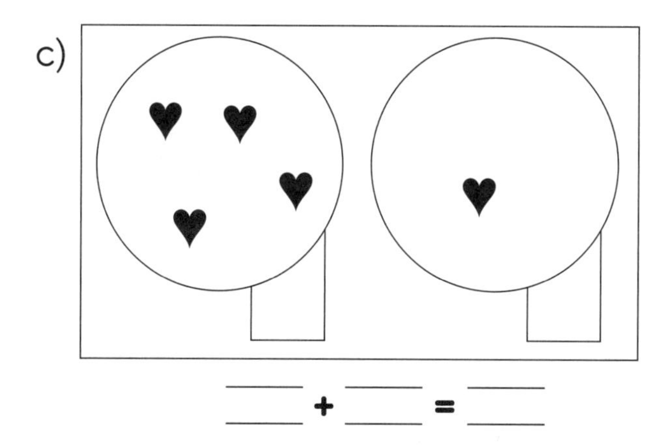

____ + ____ = ____

d)

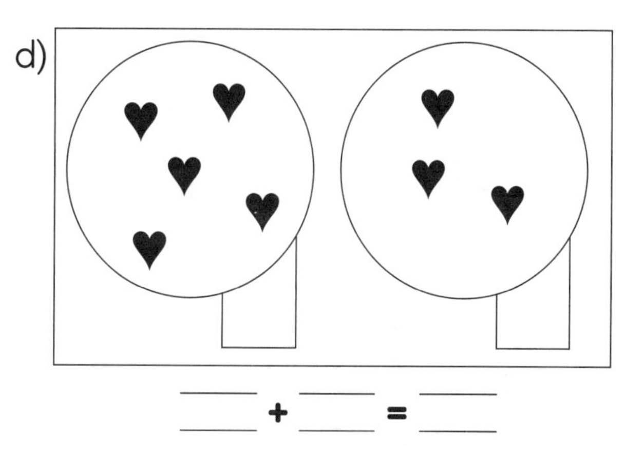

____ + ____ = ____

2. Trouve la somme des additions.

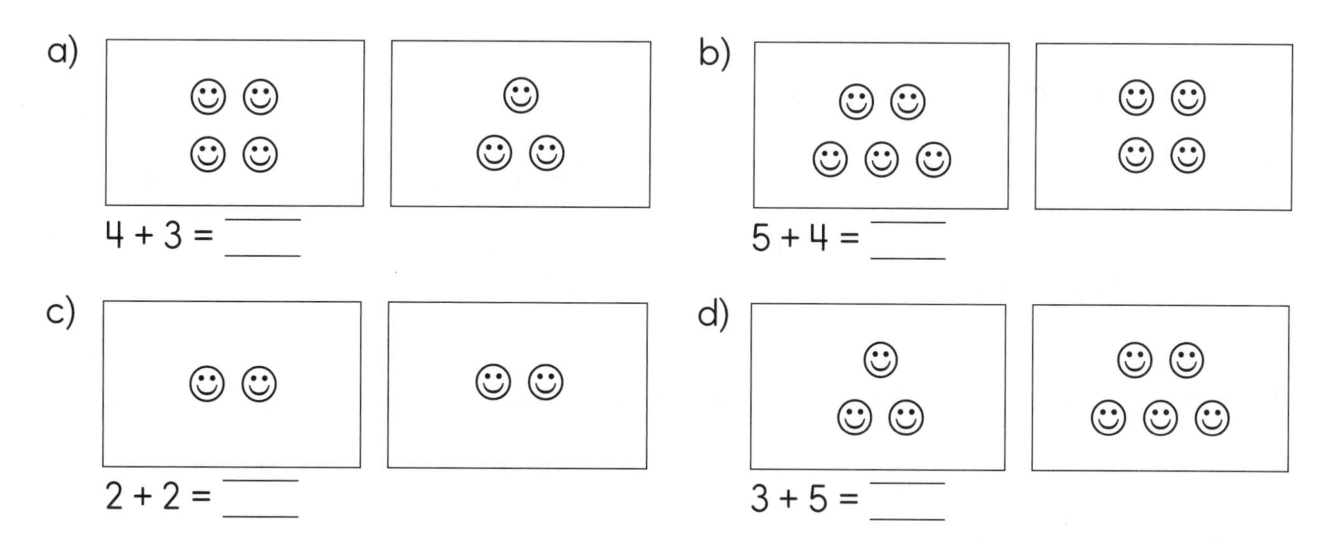

a) 4 + 3 = ____

b) 5 + 4 = ____

c) 2 + 2 = ____

d) 3 + 5 = ____

1. Complète les équations.

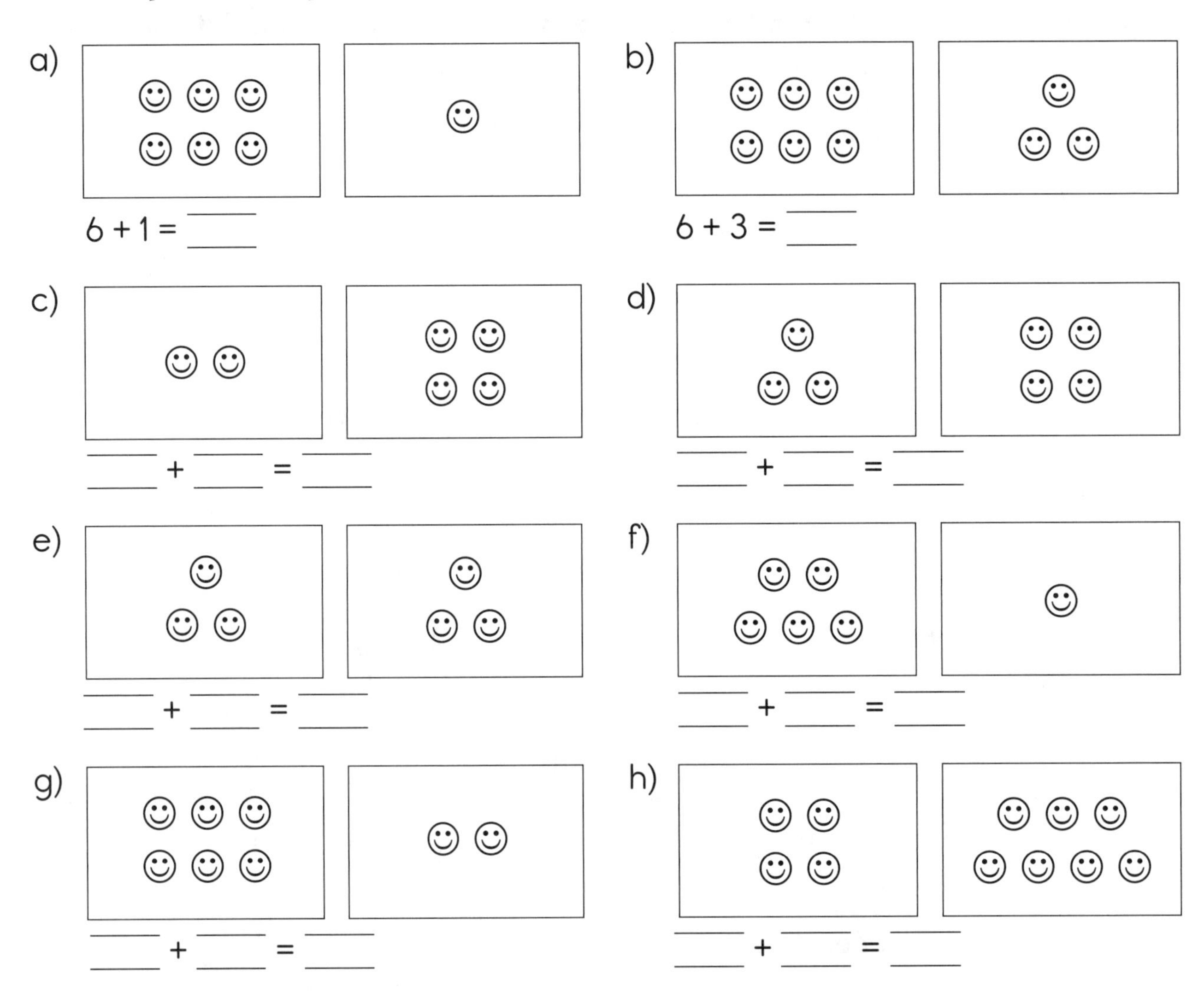

a) 6 + 1 = ____

b) 6 + 3 = ____

c) ____ + ____ = ____

d) ____ + ____ = ____

e) ____ + ____ = ____

f) ____ + ____ = ____

g) ____ + ____ = ____

h) ____ + ____ = ____

2. Fais les additions pour compléter les tableaux.

a)

+	2	6	5
1			
4			

b)

+	1	3	4
2			
3			

3. Relie au nombre 3 les additions dont la somme est 3.

2 + 1 = ____ 3 + 1 = ____ 4 + 2 = ____

3

3 + 0 = ____ 1 + 1 + 1 = ____ 1 + 2 = ____

4. Complète les équations suivantes.

a) 1 + 1 + 1 = ___ b) 2 + 3 + 0 = ___

c) 4 + 2 + 1 = ___ d) 3 + 2 + 1 = ___

e) 5 + 0 + 1 = ___ f) 6 + 2 + 1 = ___

5. Regarde les cartes et trouve les deux additions.

Voici un exemple :

2 + 3 = 5 ou 3 + 2 = 5

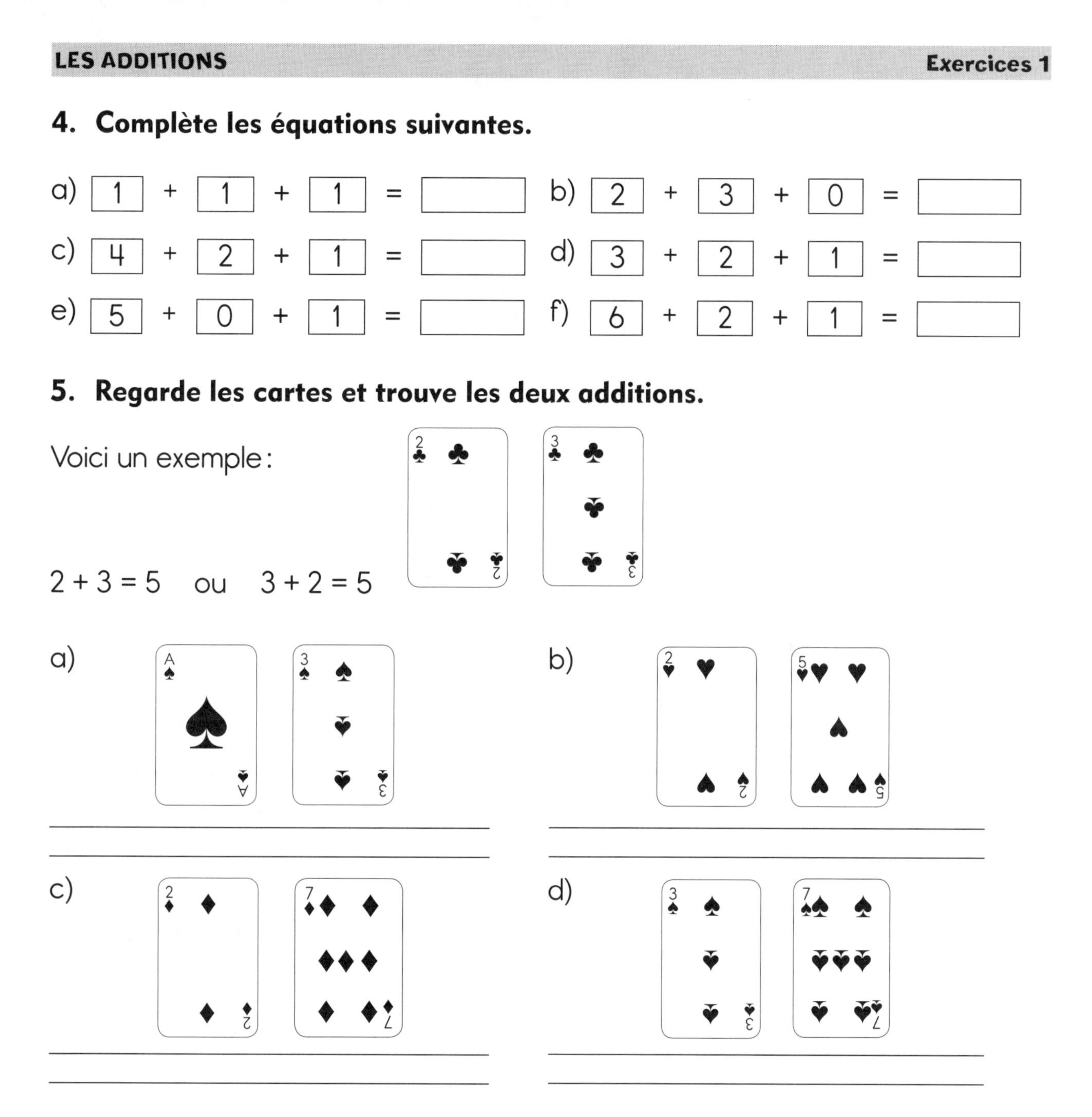

a) ___

b) ___

c) ___

d) ___

6. Relie les additions dont la somme est 10 au nombre 10.

4 + 6 = ___ 4 + 5 = ___ 1 + 8 = ___

10

3 + 6 = ___ 2 + 8 = ___ 6 + 4 = ___

7. Résous les équations en colonne.

a) 1 + 4 = ___

b) 2 + 5 = ___

c) 8 + 3 = ___

d) 6 + 2 = ___

8. Relie chaque addition à sa somme.

10 + 1	7
5 + 5	13
4 + 3	15
8 + 4	11
6 + 8	10
6 + 2	14
9 + 4	8
10 + 5	12

9. Remplis les cases vides.

a)

+	0	1	2	3
6				
8				
9				

b)

+	4	5	2	6
7				
5				
4				

10. Effectue toutes les additions et inscris combien de temps il t'a fallu pour les faire.

5 + 1 = ____ 2 + 6 = ____ 8 + 7 = ____

10 + 5 = ____ 6 + 6 = ____ 9 + 7 = ____

5 + 0 = ____ 8 + 8 = ____ 9 + 6 = ____

7 + 6 = ____ 4 + 9 = ____ 6 + 4 = ____

2 + 5 = ____ 10 + 4 = ____ 8 + 6 = ____

1 + 7 = ____ 10 + 8 = ____ 9 + 3 = ____

Temps : ______________

1. Résous les additions en colonne.

a) 7 + 3 = ____

b) 9 + 2 = ____

c) 8 + 5 = ____

d) 9 + 3 = ____

2. Encercle l'addition dont la somme est 5.

a) 3 + 3 = ____

b) 2 + 1 = ____

c) 3 + 2 = ____

3. Relie chaque addition à sa somme.

10 + 8	13
9 + 1	9
8 + 5	10
7 + 9	18
5 + 4	16

4. Sers-toi de la droite numérique pour faire les additions suivantes.

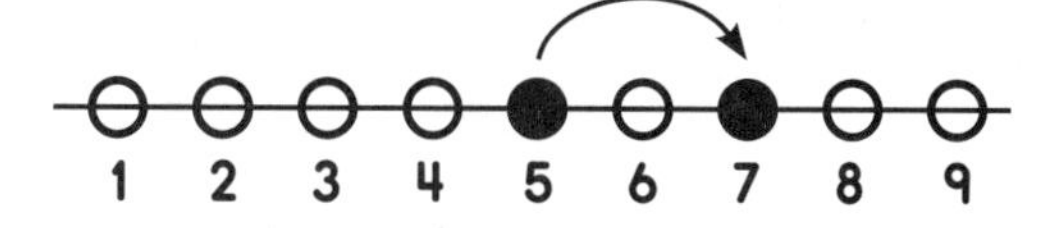

Voici un exemple : 5 + 2 = 7

1 2 3 4 5 6 7 8 9

a) 6 + 3 = ____

1 2 3 4 5 6 7 8 9

b) 4 + 1 = ____

1 2 3 4 5 6 7 8 9

c) 2 + 2 = ____

1 2 3 4 5 6 7 8 9

d) 7 + 2 = ____

Test

1. Fais les opérations et écris les réponses en lettres dans la grille.

a) 0 + 1 = ____ b) 1 + 1 = ____

c) 2 + 1 = ____ d) 2 + 2 = ____

e) 3 + 2 = ____ f) 4 + 2 = ____

g) 5 + 2 = ____ h) 6 + 2 = ____

i) 8 + 1 = ____ j) 5 + 5 = ____

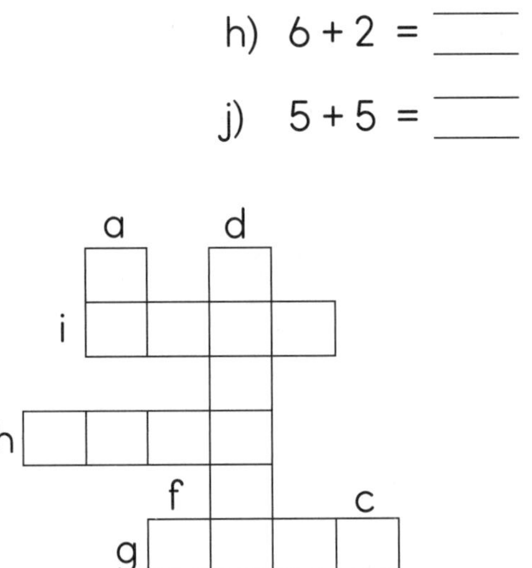
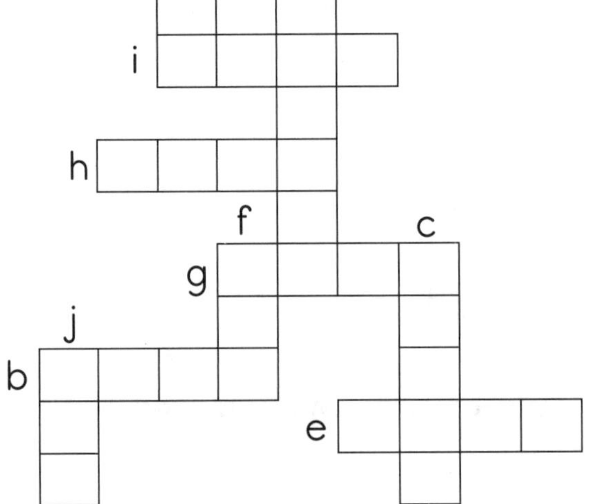

2. Résous les additions et écris la lettre dans la case ayant le même nombre pour découvrir le mot mystère.

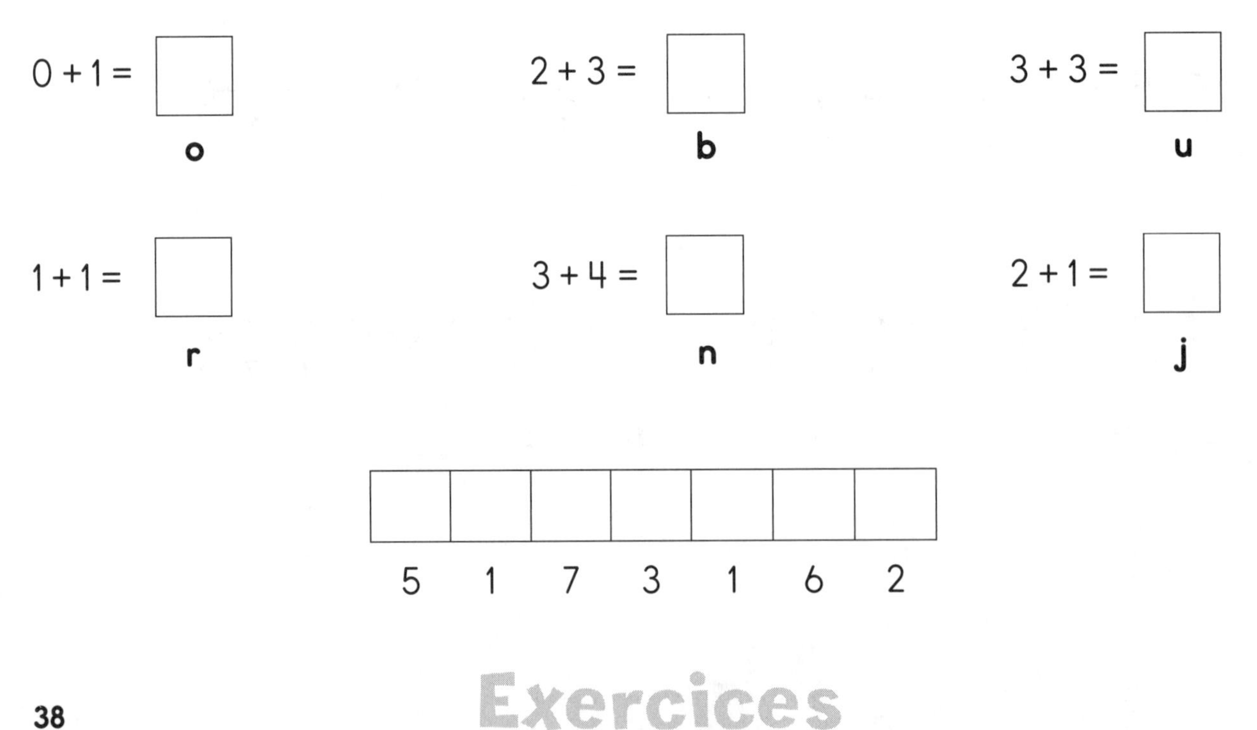

3. Résous les additions pour te rendre à l'arrivée.

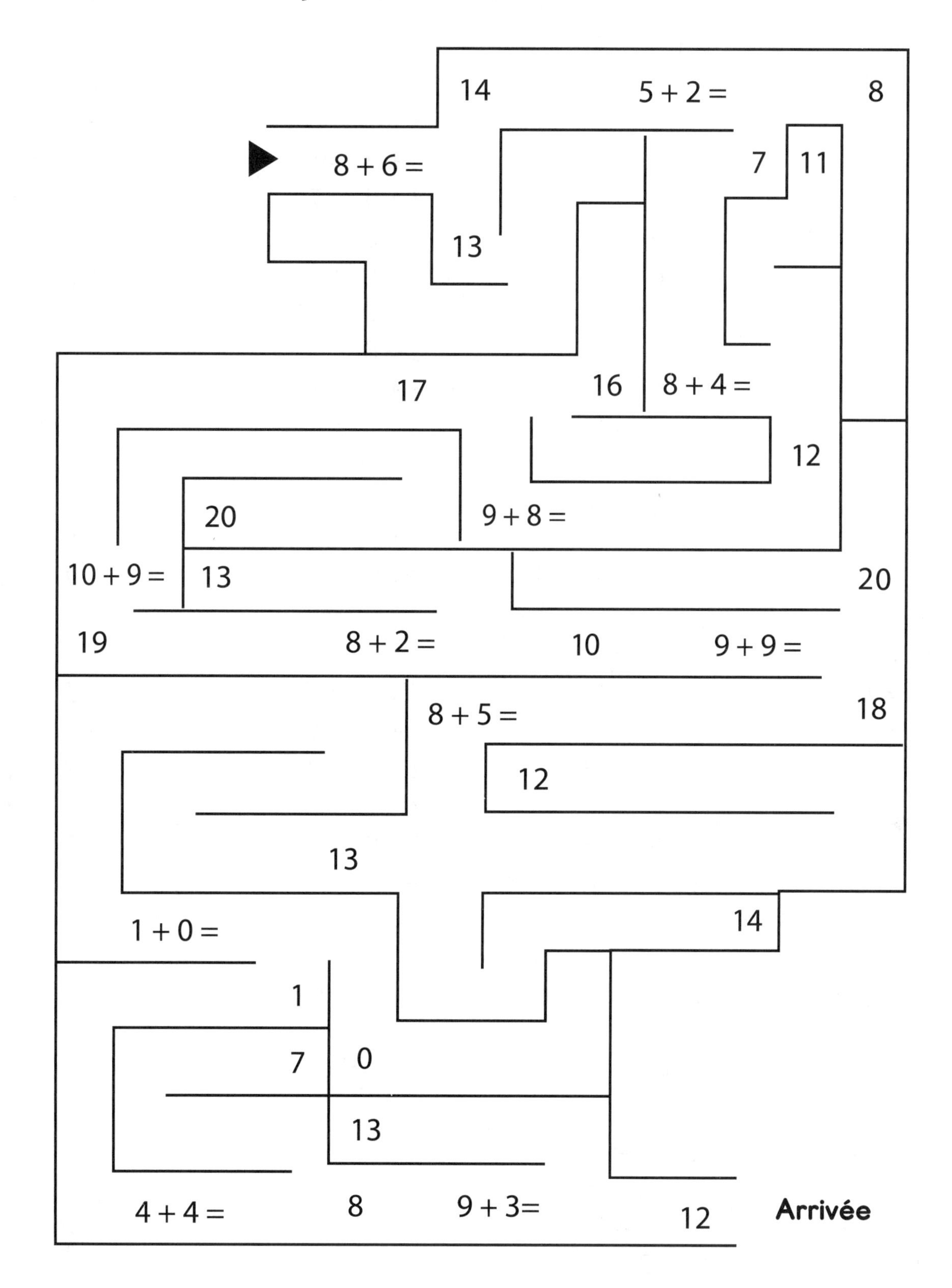

Voici les additions de 1 à 10. Tu dois les savoir par cœur.

$1 + 0 = 1$	$2 + 0 = 2$	$3 + 0 = 3$	$4 + 0 = 4$
$1 + 1 = 2$	$2 + 1 = 3$	$3 + 1 = 4$	$4 + 1 = 5$
$1 + 2 = 3$	$2 + 2 = 4$	$3 + 2 = 5$	$4 + 2 = 6$
$1 + 3 = 4$	$2 + 3 = 5$	$3 + 3 = 6$	$4 + 3 = 7$
$1 + 4 = 5$	$2 + 4 = 6$	$3 + 4 = 7$	$4 + 4 = 8$
$1 + 5 = 6$	$2 + 5 = 7$	$3 + 5 = 8$	$4 + 5 = 9$
$1 + 6 = 7$	$2 + 6 = 8$	$3 + 6 = 9$	$4 + 6 = 10$
$1 + 7 = 8$	$2 + 7 = 9$	$3 + 7 = 10$	$4 + 7 = 11$
$1 + 8 = 9$	$2 + 8 = 10$	$3 + 8 = 11$	$4 + 8 = 12$
$1 + 9 = 10$	$2 + 9 = 11$	$3 + 9 = 12$	$4 + 9 = 13$
$1 + 10 = 11$	$2 + 10 = 12$	$3 + 10 = 13$	$4 + 10 = 14$

$5 + 0 = 5$	$6 + 0 = 6$	$7 + 0 = 7$	$8 + 0 = 8$
$5 + 1 = 6$	$6 + 1 = 7$	$7 + 1 = 8$	$8 + 1 = 9$
$5 + 2 = 7$	$6 + 2 = 8$	$7 + 2 = 9$	$8 + 2 = 10$
$5 + 3 = 8$	$6 + 3 = 9$	$7 + 3 = 10$	$8 + 3 = 11$
$5 + 4 = 9$	$6 + 4 = 10$	$7 + 4 = 11$	$8 + 4 = 12$
$5 + 5 = 10$	$6 + 5 = 11$	$7 + 5 = 12$	$8 + 5 = 13$
$5 + 6 = 11$	$6 + 6 = 12$	$7 + 6 = 13$	$8 + 6 = 14$
$5 + 7 = 12$	$6 + 7 = 13$	$7 + 7 = 14$	$8 + 7 = 15$
$5 + 8 = 13$	$6 + 8 = 14$	$7 + 8 = 15$	$8 + 8 = 16$
$5 + 9 = 14$	$6 + 9 = 15$	$7 + 9 = 16$	$8 + 9 = 17$
$5 + 10 = 15$	$6 + 10 = 16$	$7 + 10 = 17$	$8 + 10 = 18$

$9 + 0 = 9$	$10 + 0 = 10$
$9 + 1 = 10$	$10 + 1 = 11$
$9 + 2 = 11$	$10 + 2 = 12$
$9 + 3 = 12$	$10 + 3 = 13$
$9 + 4 = 13$	$10 + 4 = 14$
$9 + 5 = 14$	$10 + 5 = 15$
$9 + 6 = 15$	$10 + 6 = 16$
$9 + 7 = 16$	$10 + 7 = 17$
$9 + 8 = 17$	$10 + 8 = 18$
$9 + 9 = 18$	$10 + 9 = 19$
$9 + 10 = 19$	$10 + 10 = 20$

1. Fais un x sur les éléments que tu dois enlever et trouve la différence.

Voici un exemple :

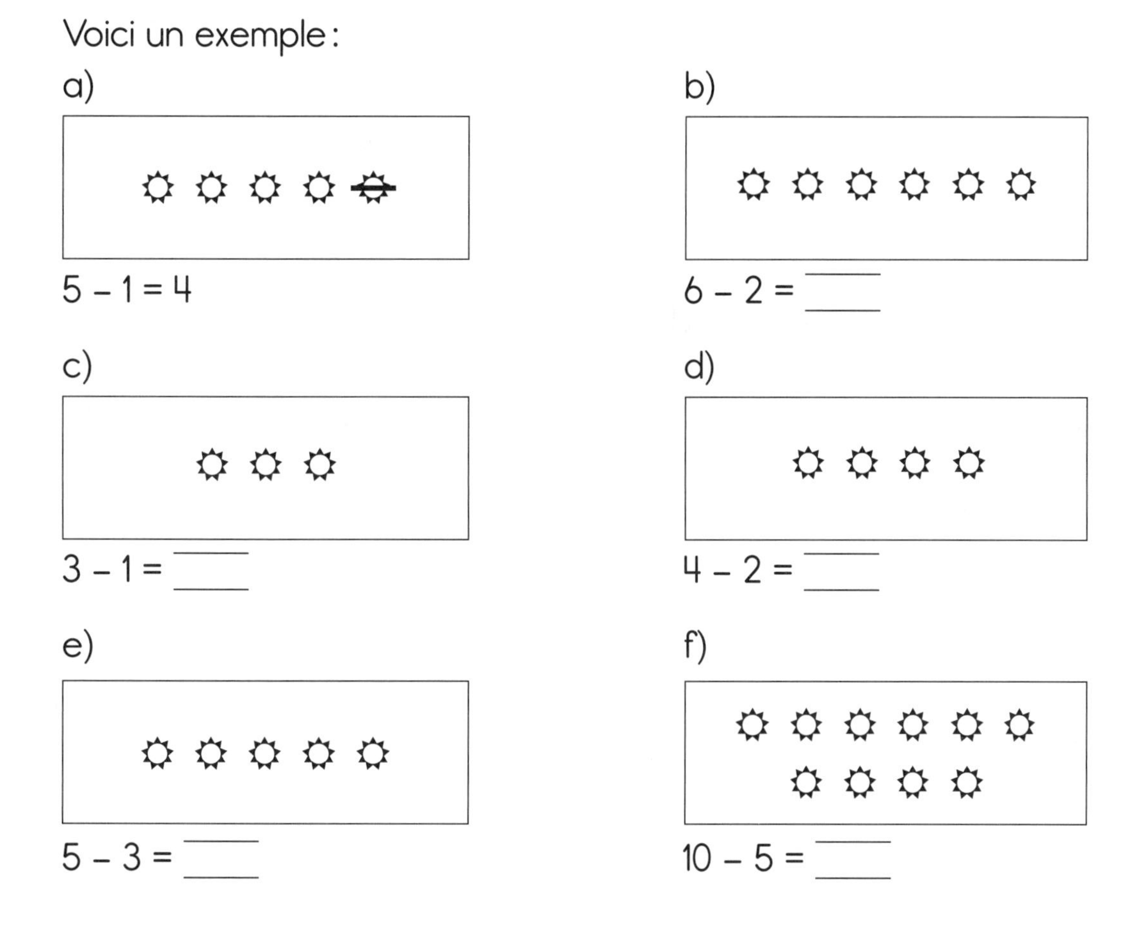

a) 5 – 1 = 4

b) 6 – 2 = ____

c) 3 – 1 = ____

d) 4 – 2 = ____

e) 5 – 3 = ____

f) 10 – 5 = ____

2. Fais les soustractions et remplis les cases vides.

	5	7	2	4	5	6	8	10	7
+	2	3	1	0	3	2	3	2	2
=	3								

3. Relie au nombre 5 les soustractions dont la différence est 5.

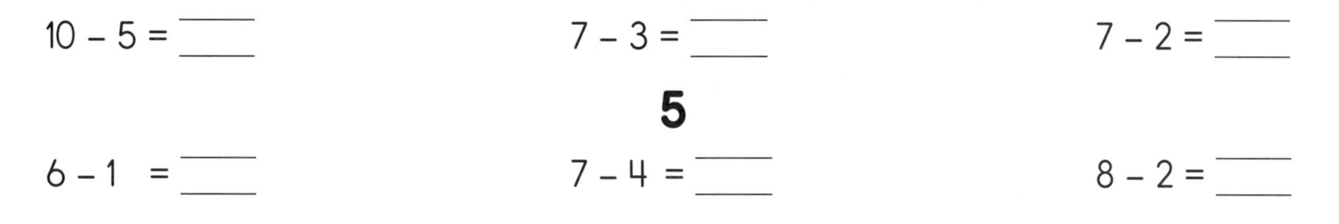

10 – 5 = ____ 7 – 3 = ____ 7 – 2 = ____

5

6 – 1 = ____ 7 – 4 = ____ 8 – 2 = ____

1. Trouve la différence des soustractions suivantes.

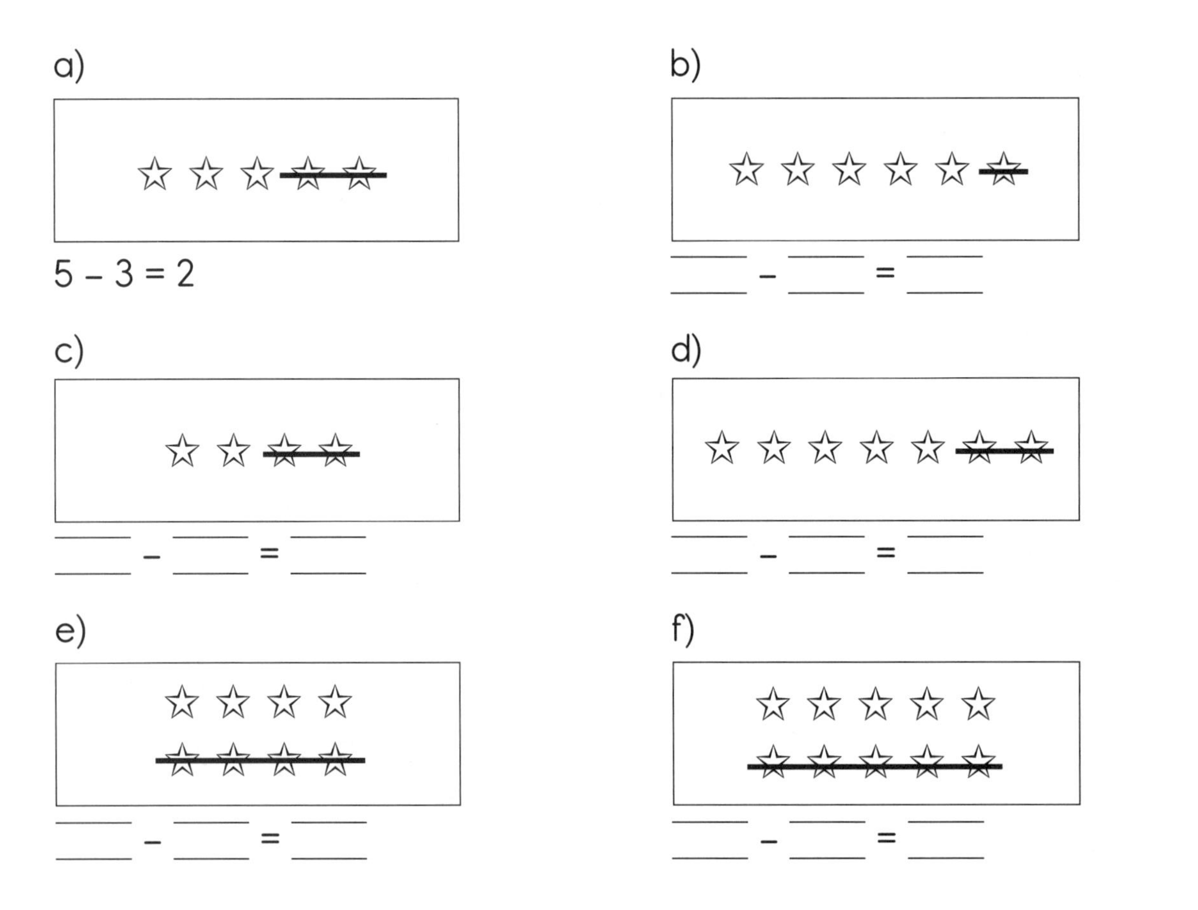

2. Soustrais.

a) 9 – 1 = ____ b) 7 – 5 = ____ c) 10 – 7 = ____

d) 6 – 3 = ____ e) 5 – 1 = ____ f) 3 – 0 = ____

g) 8 – 4 = ____ h) 4 – 3 = ____ i) 9 – 5 = ____

3. Effectue les soustractions pour remplir les cases.

-	4	5	6
1			
3			

-	7	8	9
4			
5			

4. Résous les soustractions en colonne.

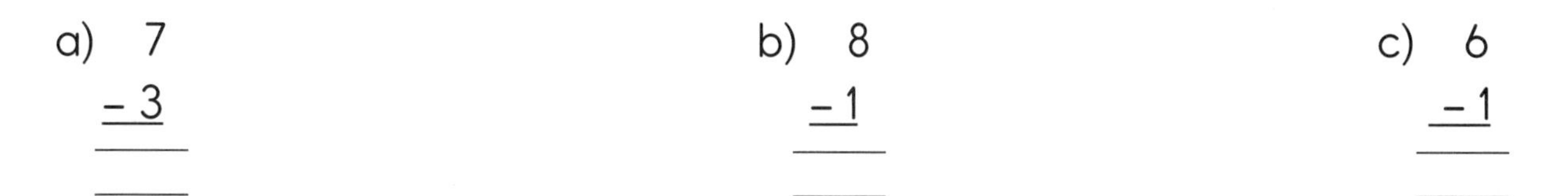

5. Écris une soustraction pour chaque case.

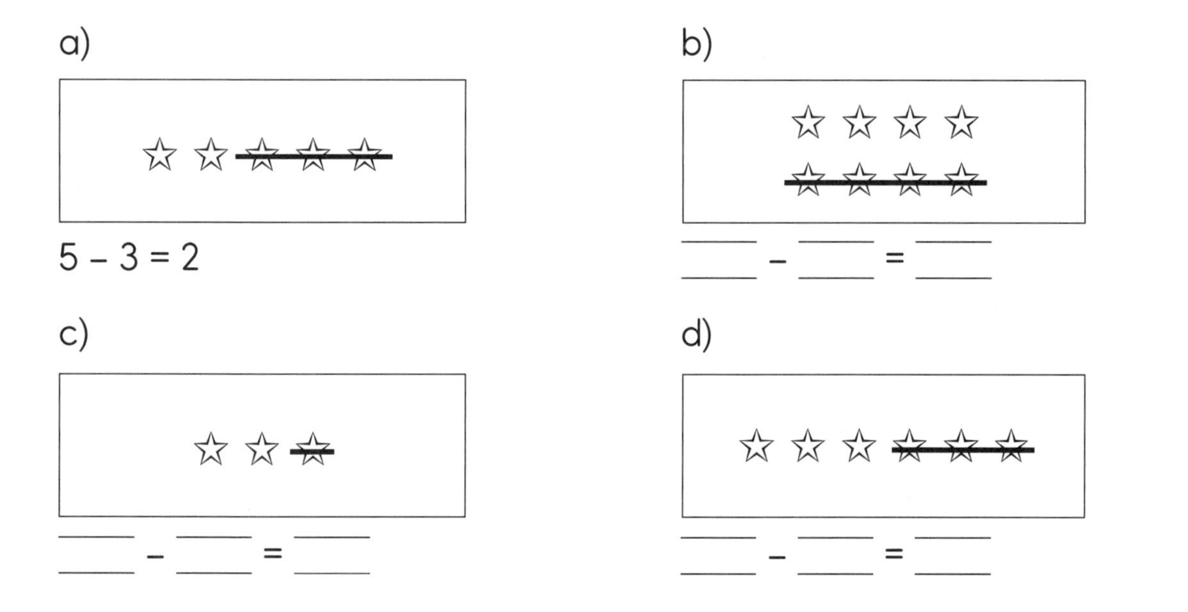

6. Relie les soustractions dont la différence est 7 au nombre 7.

5 – 5 = ____ 8 – 1 = ____ 9 – 2 = ____

7

10 – 3 = ____ 8 – 2 = ____ 10 – 4 = ____

7. Encercle la soustraction dont la différence est 6.

a) 7 – 3 = ____ b) 10 – 4 = ____ c) 9 – 4 = ____

8. Effectue toutes les soustractions et inscris combien de temps il t'a fallu pour les faire.

9 – 1 = ____	5 – 4 = ____	7 – 4 = ____
8 – 5 = ____	8 – 6 = ____	9 – 2 = ____
6 – 3 = ____	6 – 1 = ____	5 – 4 = ____
7 – 6 = ____	9 – 4 = ____	6 – 4 = ____
9 – 4 = ____	4 – 3 = ____	8 – 4 = ____
8 – 7 = ____	3 – 1 = ____	5 – 0 = ____

Temps : ____________

9. Relie chaque soustraction à sa différence.

10 – 8	5
7 – 3	0
6 – 3	4
5 – 4	3
10 – 10	2
8 – 3	1

10. Regarde les cartes et effectue la soustraction demandée pour chaque carte.

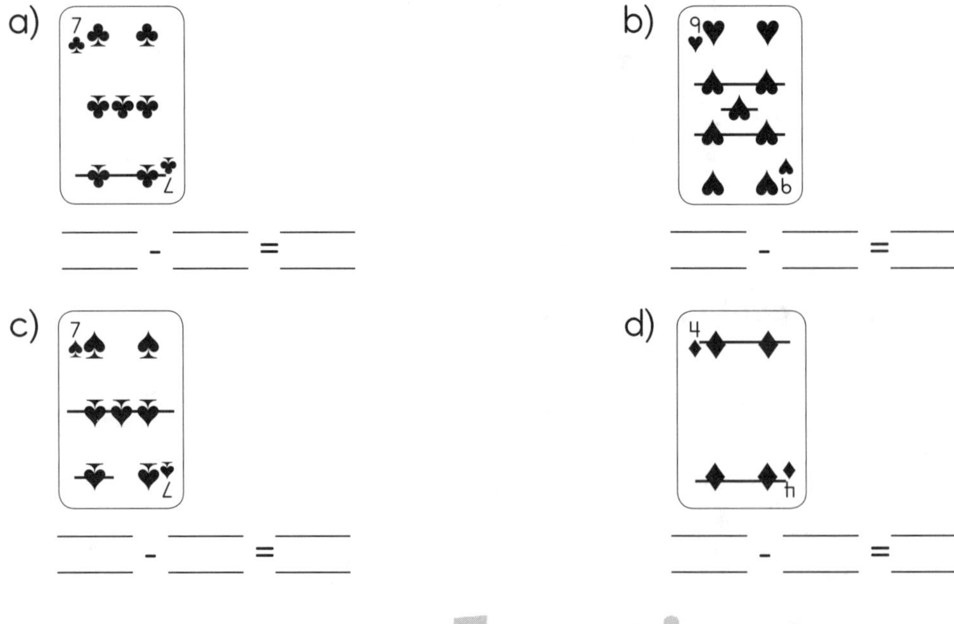

a) ____ - ____ = ____

b) ____ - ____ = ____

c) ____ - ____ = ____

d) ____ - ____ = ____

1. Fais un x sur les objets que tu dois enlever et écris ensuite le résultat.

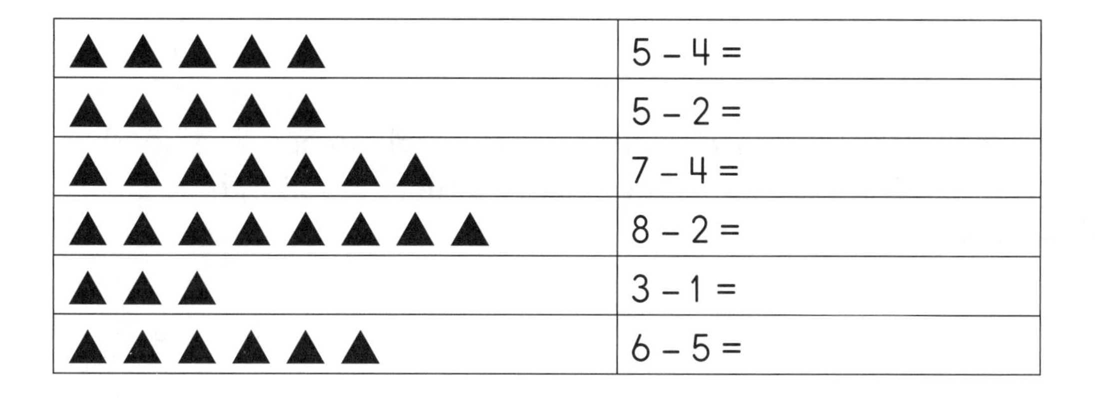

▲▲▲▲▲	5 – 4 =
▲▲▲▲▲	5 – 2 =
▲▲▲▲▲▲▲	7 – 4 =
▲▲▲▲▲▲▲▲	8 – 2 =
▲▲▲	3 – 1 =
▲▲▲▲▲▲	6 – 5 =

2. Illustre chaque soustraction et inscris le résultat.

Voici un exemple :

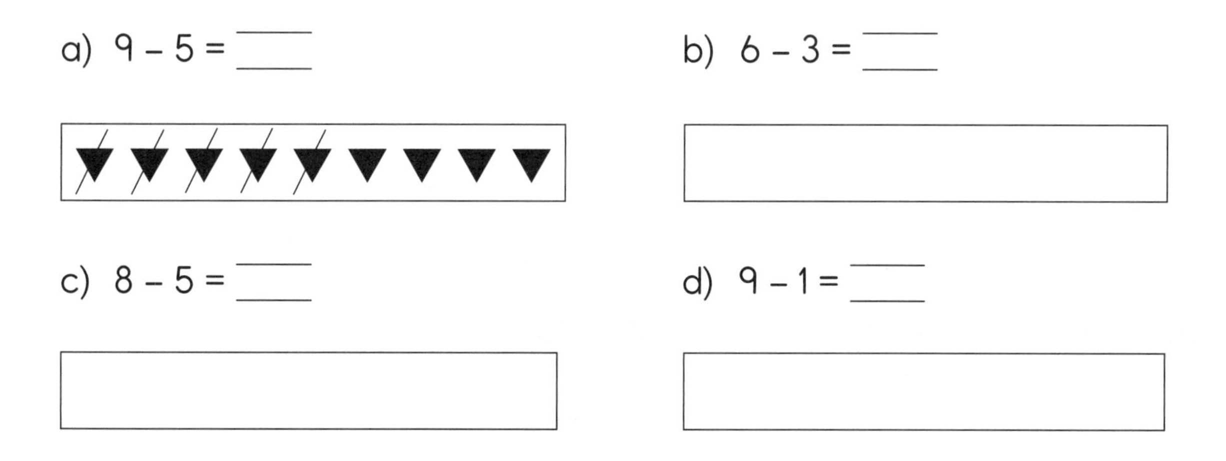

a) 9 – 5 = ____

b) 6 – 3 = ____

c) 8 – 5 = ____

d) 9 – 1 = ____

3. Sers-toi de la droite numérique pour faire les soustractions suivantes.

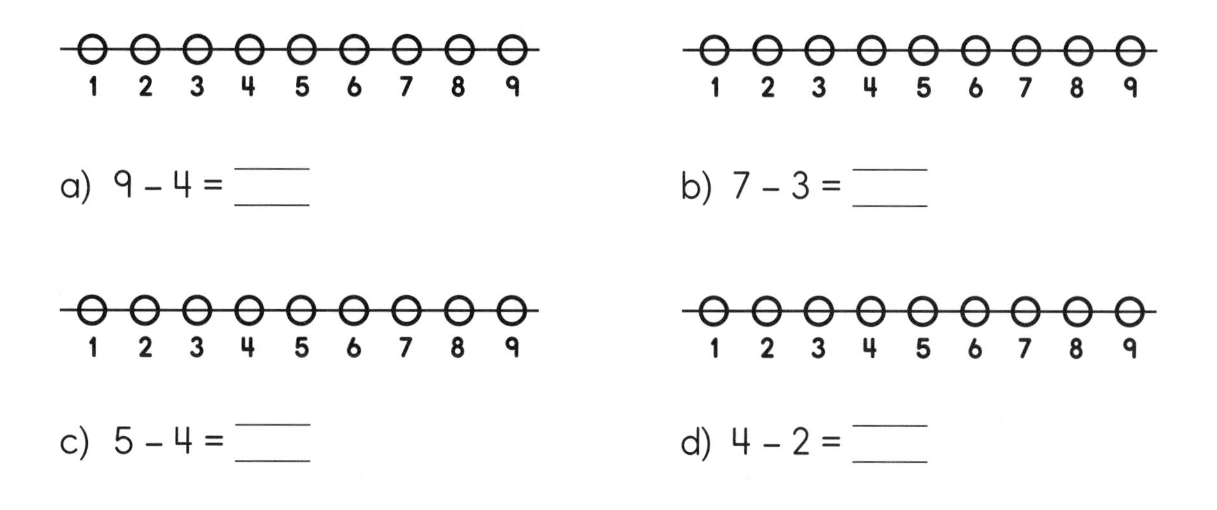

a) 9 – 4 = ____

b) 7 – 3 = ____

c) 5 – 4 = ____

d) 4 – 2 = ____

1. Écris des soustractions dont la différence est 3.

_____ - _____ = _____   _____ - _____ = _____   _____ - _____ = _____

2. Fais toutes les soustractions. Ensuite sur le dessin, fais un x sur le nombre correspondant à la différence de chaque soustraction. À la fin, il ne te restera qu'un seul nombre.

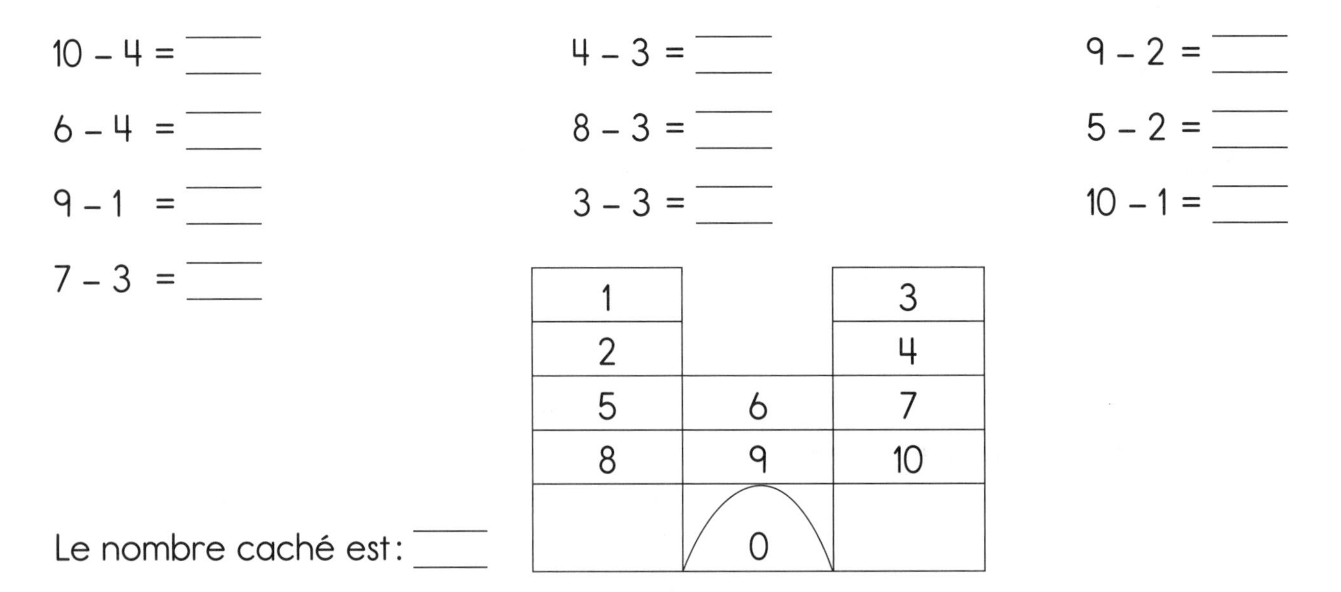

3. Représente les soustractions à l'aide d'un dessin.

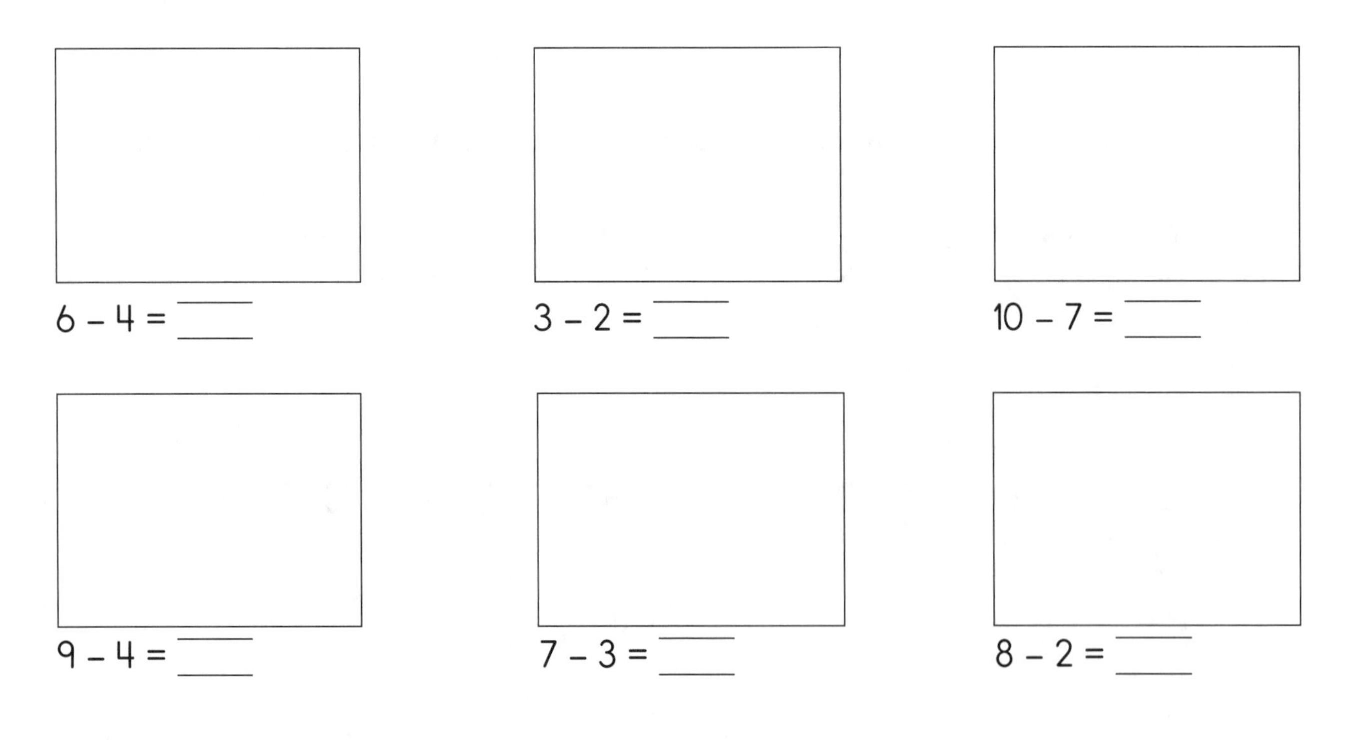

4. Complète le tableau.

	- 2
10	
9	
8	
7	
6	
5	
4	
3	

	- 4
4	
5	
6	
7	
8	
9	
10	
11	
12	

5. Trouve le chemin qui relie les soustractions à leur différence.

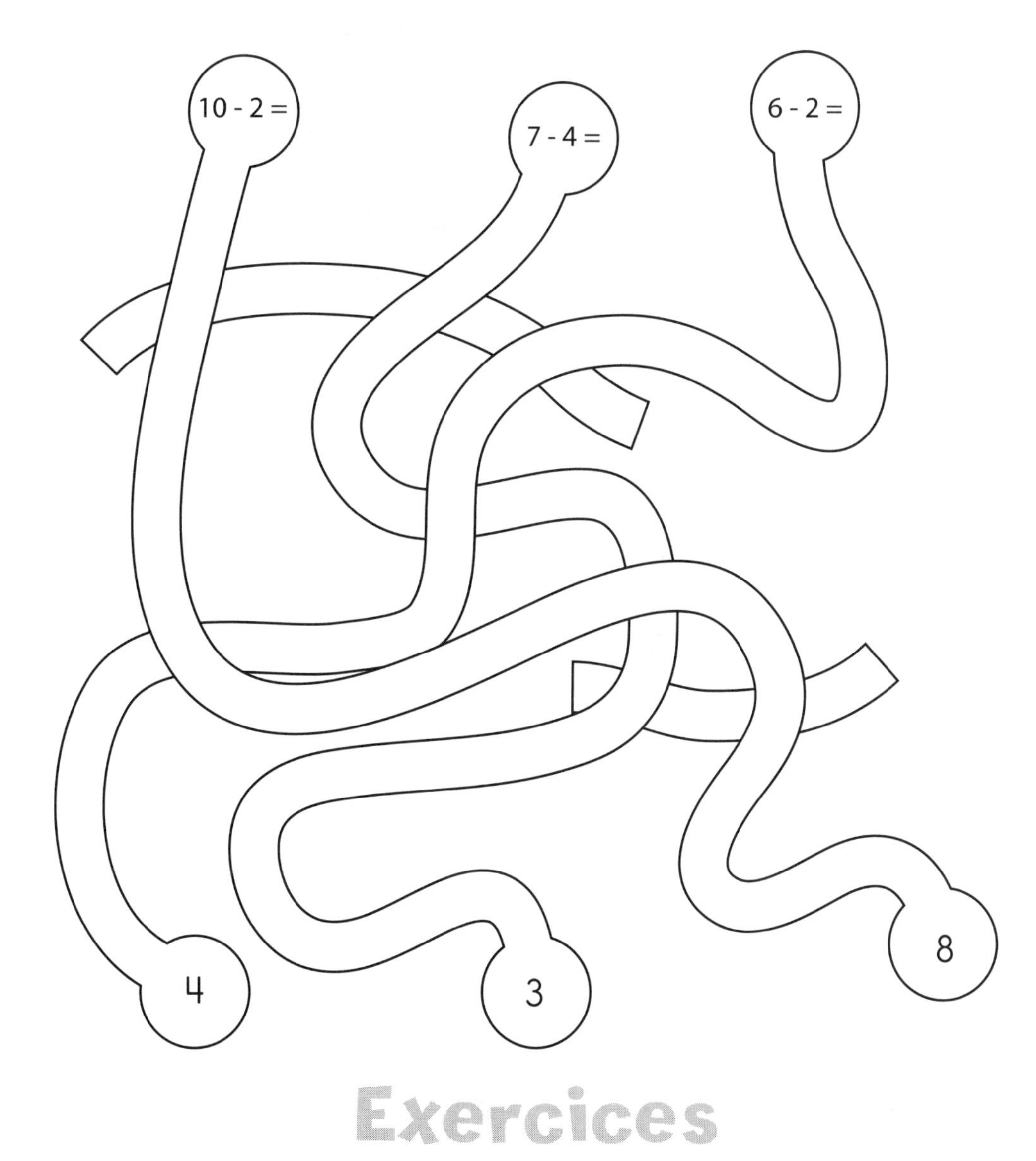

6. Voici les soustractions de 1 à 10. Tu dois les savoir par cœur.

1 – 1 = 0
2 – 1 = 1
3 – 1 = 2
4 – 1 = 3
5 – 1 = 4
6 – 1 = 5
7 – 1 = 6
8 – 1 = 7
9 – 1 = 8
10 – 1 = 9

2 – 2 = 0
3 – 2 = 1
4 – 2 = 2
5 – 2 = 3
6 – 2 = 4
7 – 2 = 5
8 – 2 = 6
9 – 2 = 7
10 – 2 = 8
11 – 2 = 9

3 – 3 = 0
4 – 3 = 1
5 – 3 = 2
6 – 3 = 3
7 – 3 = 4
8 – 3 = 5
9 – 3 = 6
10 – 3 = 7
11 – 3 = 8
12 – 3 = 9

4 – 4 = 0
5 – 4 = 1
6 – 4 = 2
7 – 4 = 3
8 – 4 = 4
9 – 4 = 5
10 – 4 = 6
11 – 4 = 7
12 – 4 = 8
13 – 4 = 9

5 – 5 = 0
6 – 5 = 1
7 – 5 = 2
8 – 5 = 3
9 – 5 = 4
10 – 5 = 5
11 – 5 = 6
12 – 5 = 7
13 – 5 = 8
14 – 5 = 9

6 – 6 = 0
7 – 6 = 1
8 – 6 = 2
9 – 6 = 3
10 – 6 = 4
11 – 6 = 5
12 – 6 = 6
13 – 6 = 7
14 – 6 = 8
15 – 6 = 9

7 – 7 = 0
8 – 7 = 1
9 – 7 = 2
10 – 7 = 3
11 – 7 = 4
12 – 7 = 5
13 – 7 = 6
14 – 7 = 7
15 – 7 = 8
16 – 7 = 9

8 – 8 = 0
9 – 8 = 1
10 – 8 = 2
11 – 8 = 3
12 – 8 = 4
13 – 8 = 5
14 – 8 = 6
15 – 8 = 7
16 – 8 = 8
17 – 8 = 9

9 – 9 = 0
10 – 9 = 1
11 – 9 = 2
12 – 9 = 3
13 – 9 = 4
14 – 9 = 5
16 – 9 = 6
17 – 9 = 7
18– 9 = 8
19 – 9 = 9

10 – 10 = 0
11 – 10 = 1
12 – 10 = 2
13 – 10 = 3
14 – 10 = 4
15 – 10 = 5
16 – 10 = 6
17 – 10 = 7
18 – 10 = 8
19 – 10 = 9

1. Martine et Martin vont au marché acheter des fruits et des légumes. Martine achète 4 mandarines. Martin achète 3 carottes. Combien de fruits et des légumes ont-ils achetés?

Trace ta démarche. ____________

Réponse: ______

2. J'ai 8 ans. Il y a 2 ans, j'avais quel âge?

Trace ta démarche. ____________

Réponse: ______

3. Aurélie joue avec ses poupées. Mariane apporte 3 poupées pour jouer avec Aurélie. Elles ont au total 8 poupées. Combien Aurélie a-t-elle de poupées?

Trace ta démarche. ____________

Réponse: ______

4. Combien d'argent y a-t-il?

Réponse: ______

5. Mon père, ma mère, ma sœur et moi voulons manger une tarte. Partage-la pour que nous ayons chacun un morceau de la même grosseur.

Test

1. Le soir de l'Halloween, Paula et Maria comptent leurs bonbons. Paula a récolté 10 bonbons roses et 8 bonbons verts. Maria a reçu 5 suçons et 3 barres de chocolat.

Combien de bonbons a Paula? Combien de friandises a Maria?

Trace ta démarche. ______________________________

Réponse: Paula ______ Maria ______

2. Hansel a 7 cailloux dans sa poche. Il en jette 6 par terre pour retrouver son chemin. Combien lui en reste-t-il dans sa poche?

Trace ta démarche. ______________________________

Réponse: ______

3. Ma mère a décidé de planter des fleurs. Elle en plante 7. Elle a maintenant 10 fleurs dans son jardin. Combien en avait-elle qui étaient déjà plantées?

Trace ta démarche. ______________________________

Réponse: ______

4. Maxime a 9 vélos à vendre. Il en a vendus quelques-uns. Il lui en reste 3. Combien en a-t-il vendus?

Trace ta démarche. ______________________________

Réponse: ______

5. Trouve le terme manquant.

a) 3 – ____ = 2 b) 6 + ____ = 8 c) ____ – 1 = 8

6. Partage cette tarte en deux parties égales.

7. Regarde combien de cadeaux ont reçus Nikita et sa sœur Tatiana. Est-ce que le partage est juste?

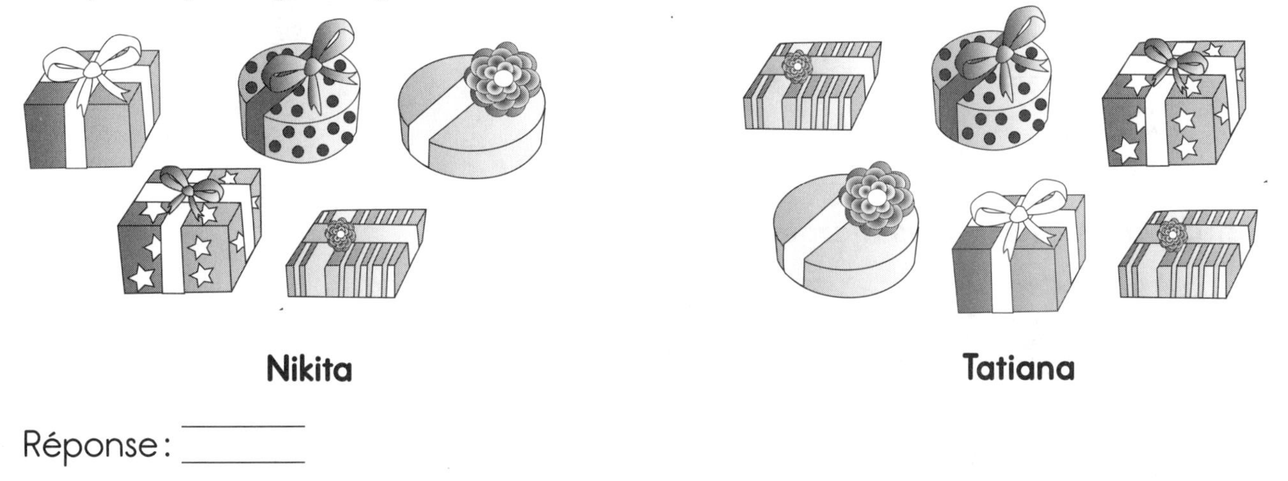

Nikita

Tatiana

Réponse : ________

8. Partage équitablement les 10 bonbons entre Valérie, Zoé et Kevin. Pour t'aider, inscris la première lettre du prénom sur les bonbons.

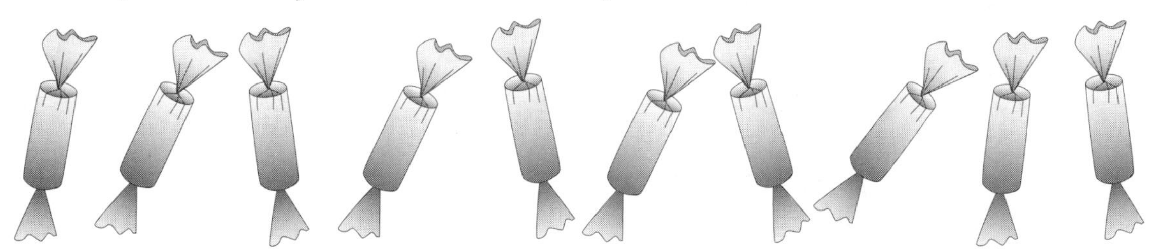

Est-ce que le partage est juste ? ________

9. Partage le gâteau en trois parts égales.

10. Colorie la moitié des formes suivantes.

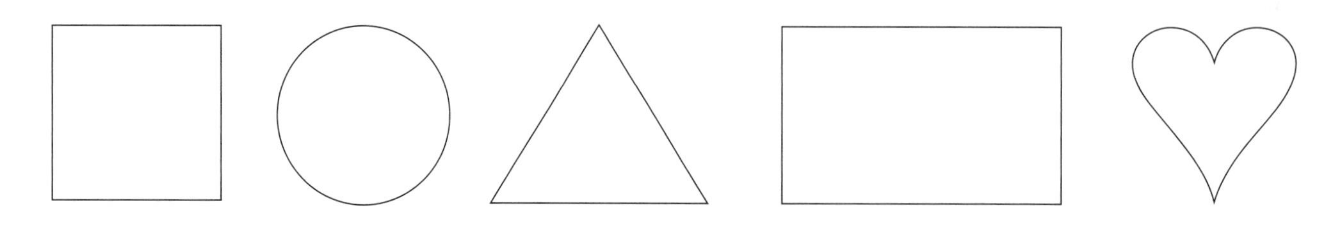

11. Écris la valeur de chaque pièce.

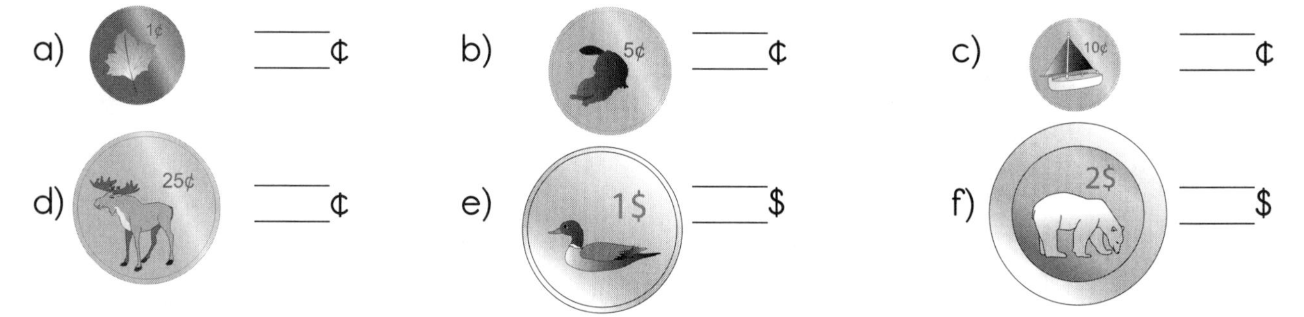

12. Calcule les sommes d'argent.

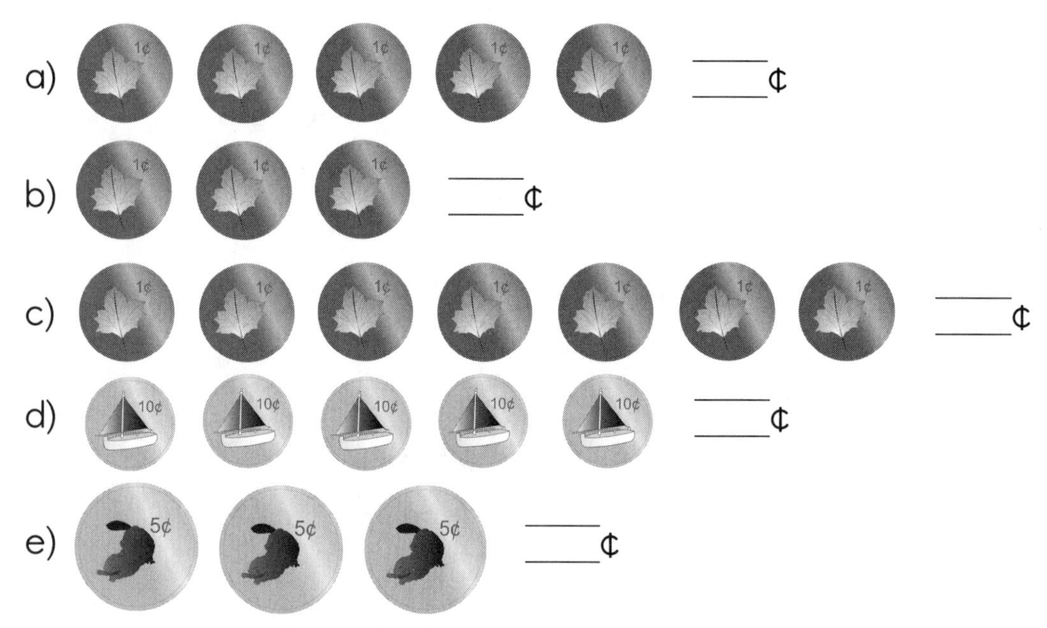

13. As-tu assez d'argent pour t'acheter une gomme à mâcher qui coûte 17 ¢ ?

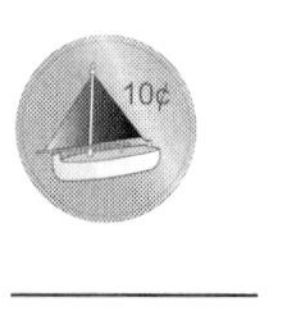

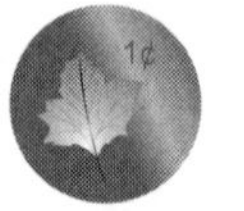

Réponse : ________

1. Il y a 6 enfants dans la salle de jeux. Des enfants sortent. Il y en a maintenant 2. Combien d'enfants sont sortis?

Trace ta démarche. ______________________

Réponse : ______

2. La chatte d'Océane a eu 10 chatons. Celle de Coralie en a eu 7. Coralie en a donnés 5 à ses amies et 1 s'est enfui. Océane en a donnés 4.

a) Combien de chatons de moins la chatte de Coralie a-t-elle eus? ______

Trace ta démarche. ______________________

b) Combien de chats en tout reste-t-il? ______

Trace ta démarche. ______________________

3. Félix a 7 coquillages dans son seau. Il en donne 3 à Étienne. Combien lui en reste-t-il?

Trace ta démarche. ______________________

Réponse : ______

4. Il est 9 h. Dans deux heures, quelle heure sera-t-il?

Trace ta démarche. ______________________

Réponse : ______

5. Divise la pointe de pizza en 2 parts égales.

6. Dessine deux façons différentes d'avoir 15 ¢.

1. Théophile et Virgile livrent le journal le matin. Lundi matin, ils en ont livrés 3, mardi ils en ont livrés 3 de plus. Combien de journaux ont-ils livrés mardi matin?

Trace ta démarche. ______________________ Réponse: ________

2. Julie a 8 jupes. Elle en a des roses et 5 vertes. Combien de jupes roses a-t-elle?

Trace ta démarche. ______________________ Réponse: ________

3. À la garderie Petits Cœurs, Mélanie a 2 filles et 1 garçon dans son groupe. Suzanne a 3 filles et 2 garçons. Sophie a 4 garçons et 1 fille.

a) Combien y a-t-il d'enfants en tout? ________

Trace ta démarche. ______________________

b) Combien y a-t-il de garçons en tout? ________

Trace ta démarche. ______________________

c) Combien y a-t-il de filles en tout? ________

Trace ta démarche. ______________________

d) Combien de filles ont Mélanie et Sophie? ________

Trace ta démarche. ______________________

4. Le lapin gris a mangé 5 carottes. Le lapin blanc a mangé 8 carottes. Combien de carottes de plus le lapin blanc a-t-il mangées ?

Trace ta démarche. ____________________

Réponse : ______

5. Mon père fait une vente de garage. Il a 10 objets à vendre. Il en a vendus quelques-uns. Il lui en reste maintenant 2 à vendre. Combien en a-t-il vendus ?

Trace ta démarche. ____________________

Réponse : ______

6. Antoine fait une collection de timbres poste. Il en a 5 dans son album. Il en ajoute d'autres. Il a maintenant 10 timbres dans son album. Combien en a-t-il ajoutés ?

Trace ta démarche. ____________________

Réponse : ______

7. Résous les problèmes suivants.

a) 9 - 8 + ____ = 7

b) 3 + 6 – ____ = 2

c) ____ + 3 = 6

d) 4 – ____ = 1

e) 3 + 1 + ____ = 7

f) ____ – 7 = 0

g) 6 + ____ = 9

h) 4 + ____ = 7

8. Dix animaux vivent au zoo. Quatre sont des lions. Les autres sont des tigres. Combien y a-t-il de tigres ?

Trace ta démarche. ____________________

Réponse : ______

9. Trouve deux façons de partager également le biscuit.

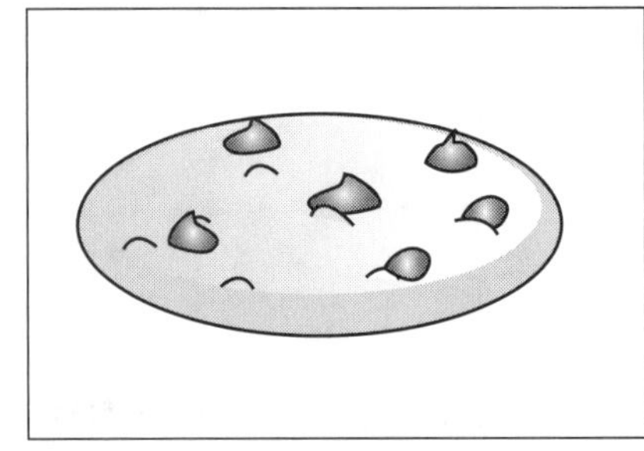

10. Calcule les sommes d'argent.

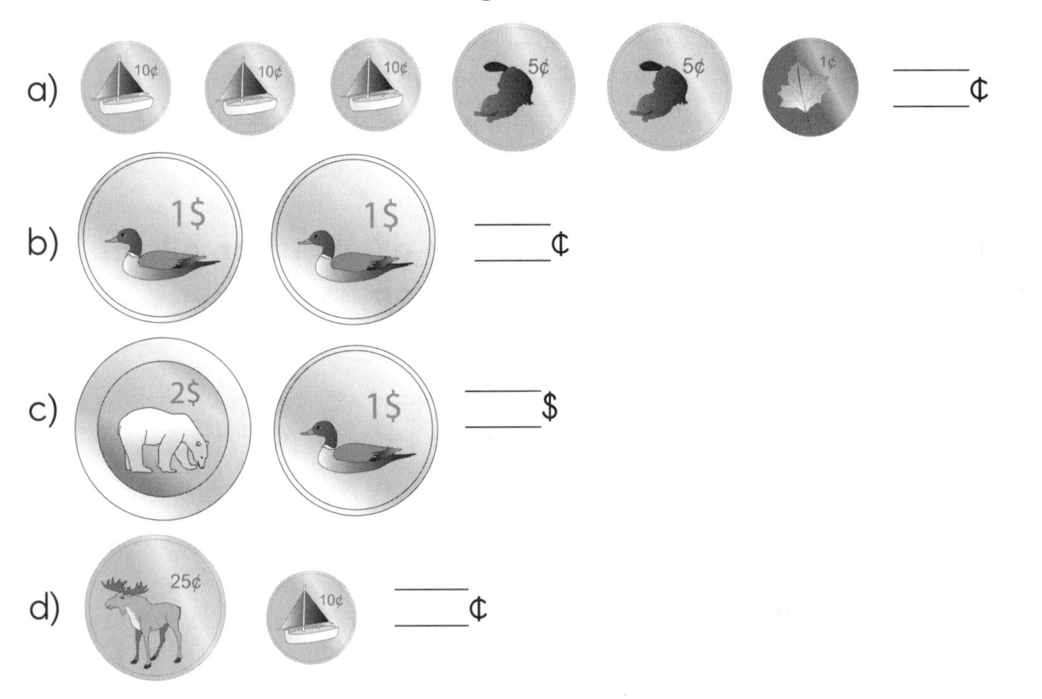

11. Dessine les pièces de monnaie nécessaires.

a) 7 ¢

b) 12 ¢

c) 37 ¢

12. Illustre trois façons d'avoir 50 ¢.

1. Encercle les nombres pairs.

1 2 3 4 5 6 7 8 9 10

2. Encercle les nombres impairs.

1 2 3 4 5 6 7 8 9 10

3. Écris les nombres entre 0 et 10 par bonds de 2.

____

____

4. Compte par bonds de 5 à partir de 5 jusqu'à 25.

____

____

5. Compte par bonds de 10 à partir de 10 jusqu'à 70.

____

____

6. Encercle la touche qui te permet de faire des additions et fais un x sur celle qui te permet de faire des soustractions.

MC	M+	M-	MR
CE	±	÷	X
7	8	9	–
4	5	6	+
1	2	3	=
0		,	

1. Suis le chemin des nombres pairs pour te rendre à l'arrivée.

Départ

2	3	8	9	13	15	18	22	25	24	36	98
6	9	12	15	17	96	22	46	55	87	91	90
14	17	31	52	69	14	13	72	77	21	38	41
22	55	69	71	89	91	97	55	23	52	57	97
36	44	48	56	92	84	70	66	17	13	25	88
37	89	85	91	55	61	85	6	5	0	5	9
25	55	55	77	60	54	91	4	3	36	52	84
36	56	99	96	17	85	77	22	9	55	67	71
98	84	35	8	92	97	41	34	11	25	37	45
84	21	45	7	32	25	33	40	8	10	78	80

Arrivée

2. Relie les nombres impairs pour trouver l'image mystère.

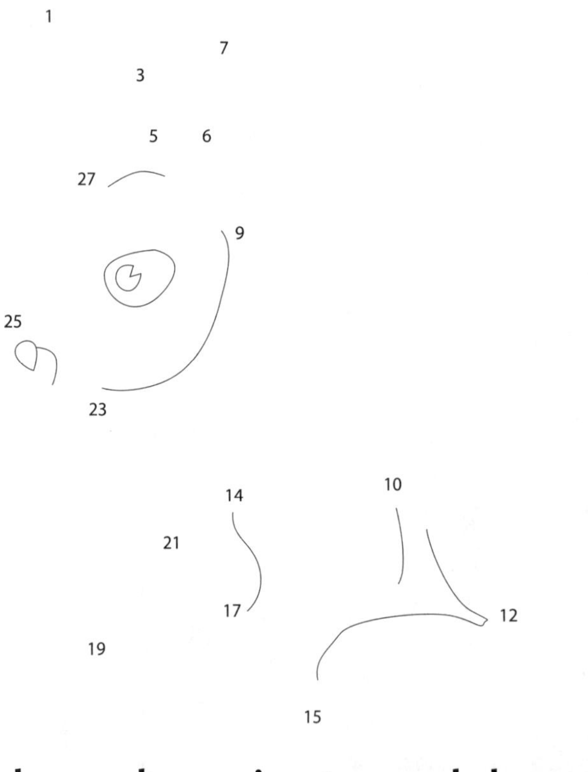

3. Fais un x sur les nombres pairs et encercle les nombres impairs.

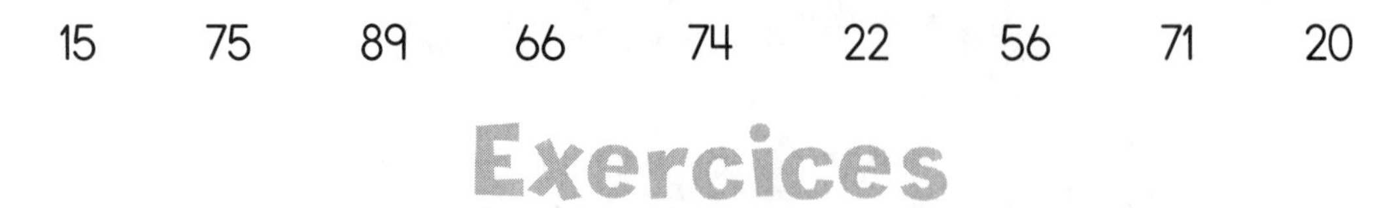

15 75 89 66 74 22 56 71 20

4. Écris la suite pour que le lapin puisse se rendre à 40 en faisant des bonds de 2.

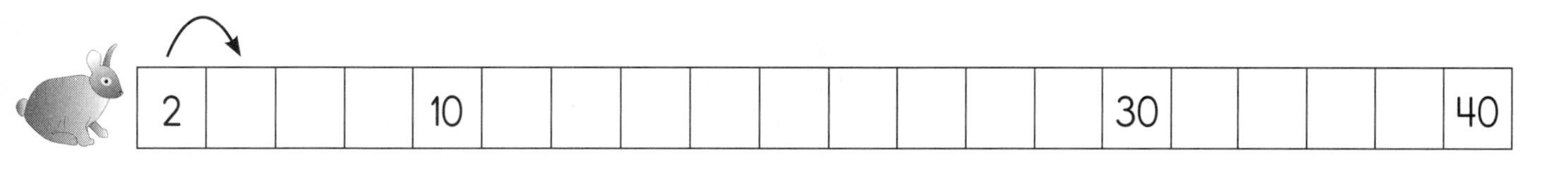

2				10										30					40

5. Fais des bonds de deux.

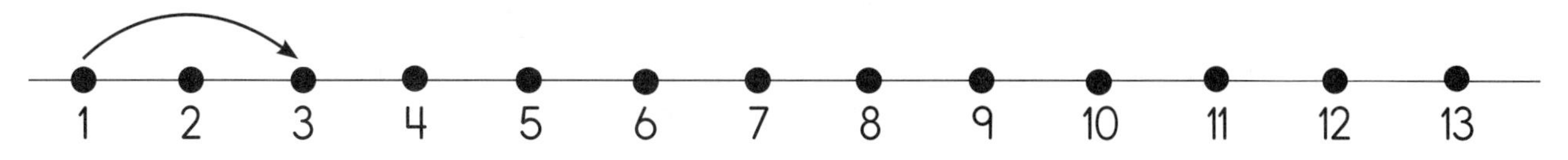

6. Fais des bonds de 5 pour compléter la spirale.

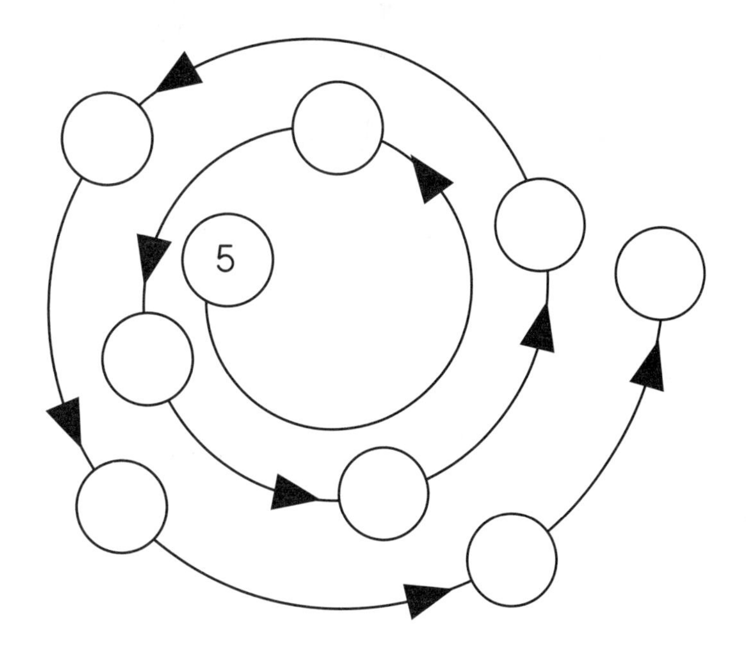

7. Fais des bonds de 10 pour compléter la suite.

10		30				

8. Regarde bien la calculatrice et quelques-unes de ses fonctions. Ensuite, sers-toi d'une vraie calculatrice pour répondre aux questions.

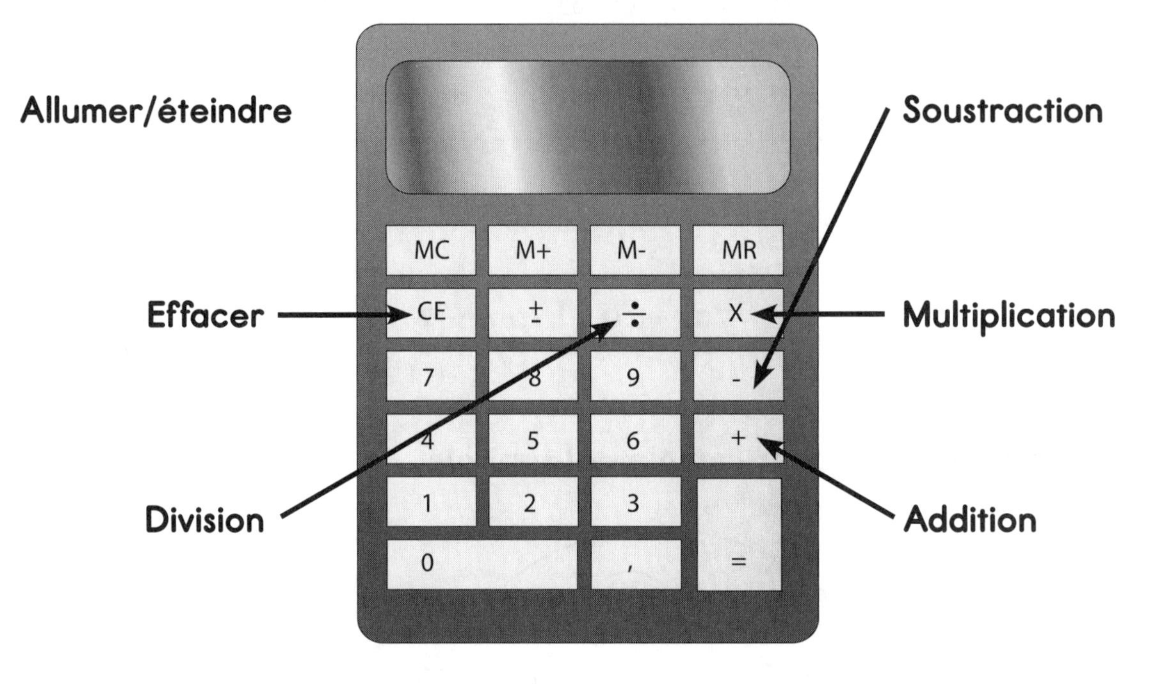

a) Entre les nombres 7, 8 et 9. Ensuite, appuie sur la touche CE.
Que s'est-il passé ?

____

____

b) Fais 1 + 1 =. Ensuite, appuie plusieurs fois sur la touche =.
Que s'est-il passé ?

____

____

c) Fais les additions et les soustractions suivantes avec la calculatrice.

6 – 4 = ____	8 – 3 = ____	5 – 2 = ____
9 – 1 = ____	3 – 3 = ____	25 + 25 = ____
3 + 2 = ____	4 + 2 = ____	71 - 22 = ____
5 + 2 = ____	6 + 2 = ____	44 + 44 = ____
8 + 1 = ____	5 + 5 = ____	100 – 100 = ____

1. Laquelle des deux façons est la meilleure pour faire des groupements ?

a)

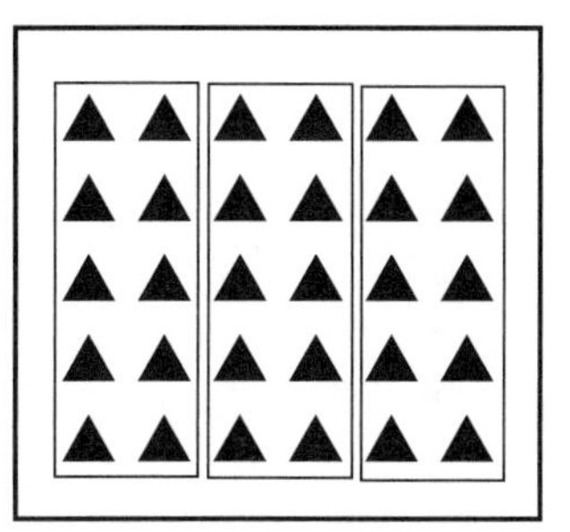

b)

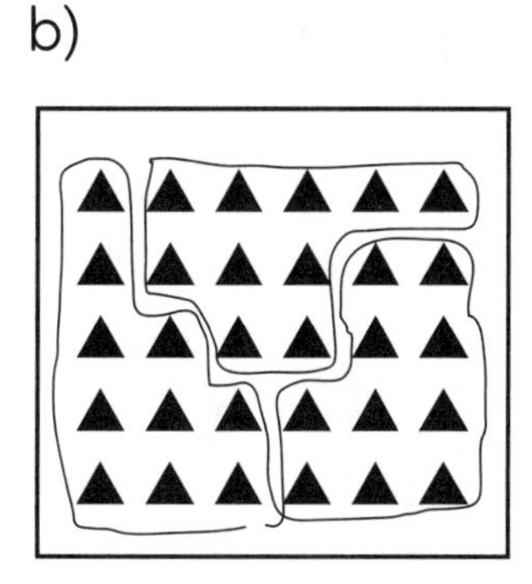

Pourquoi ?

____

____

2. Est-ce que l'ensemble suivant est complet ? Pour t'aider, fais des groupements de 10.

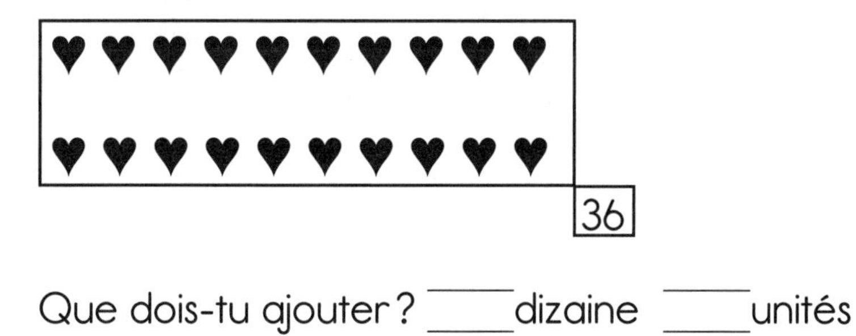

Que dois-tu ajouter ? ____ dizaine ____ unités

3. Dessine des traits pour représenter les nombres. Fais des groupements de 10.

Voici un exemple.

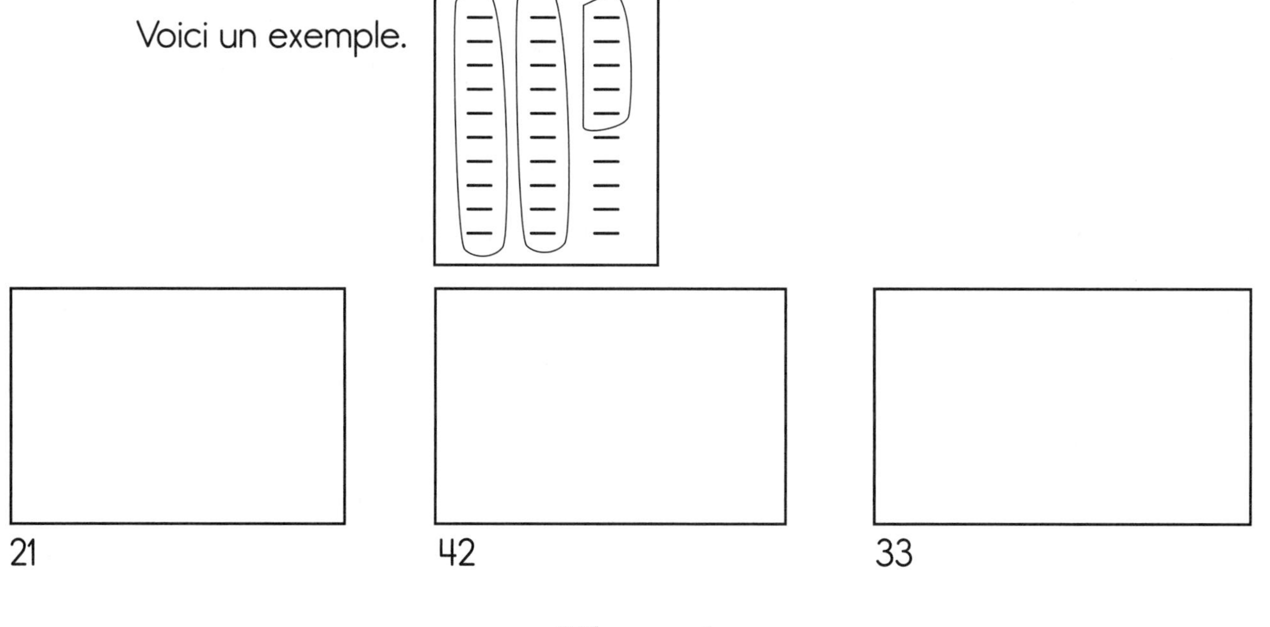

1. Encercle la bonne réponse.

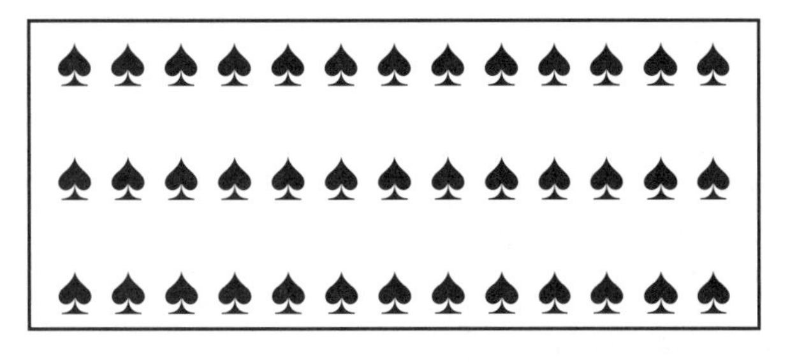

a) 3 dizaines 9 unités

b) 3 dizaines 8 unités

c) 2 dizaines 6 unités

d) 2 dizaines 2 unités

2. Que vaut le chiffre 2 dans 42 ?

____

3. Combien de groupements de dix peux-tu faire ?

______

4. Écris combien il y a de dizaines et d'unités dans les nombres suivants.

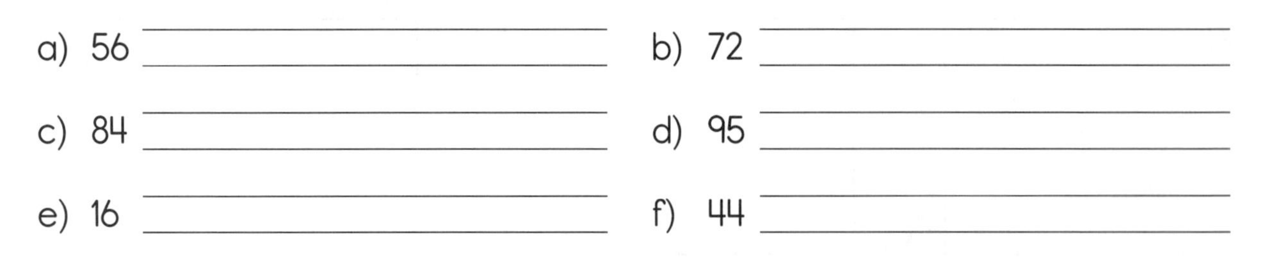

a) 56 ______________________

b) 72 ______________________

c) 84 ______________________

d) 95 ______________________

e) 16 ______________________

f) 44 ______________________

5. Écris le nombre qui manque.

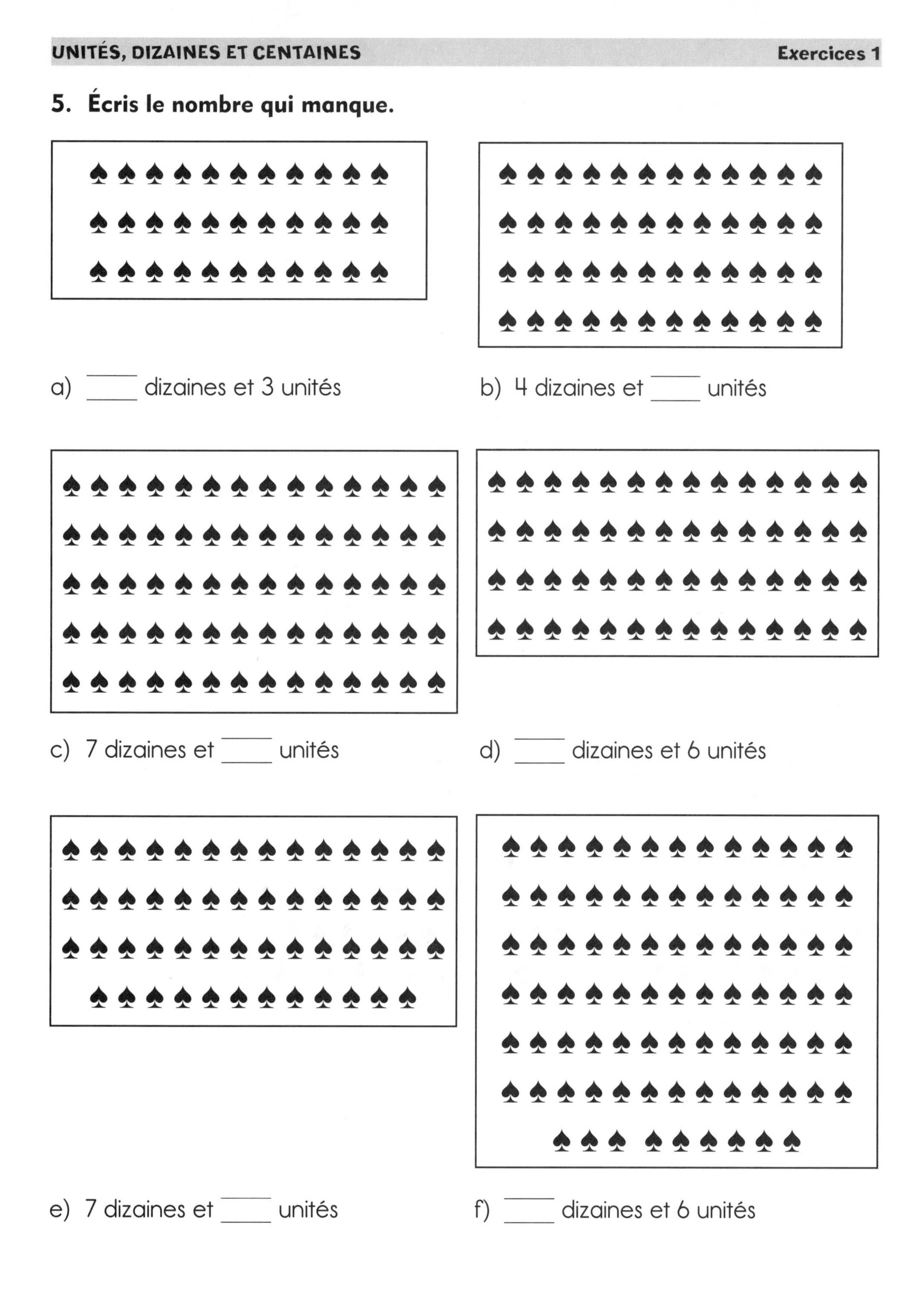

a) ____ dizaines et 3 unités

b) 4 dizaines et ____ unités

c) 7 dizaines et ____ unités

d) ____ dizaines et 6 unités

e) 7 dizaines et ____ unités

f) ____ dizaines et 6 unités

6. Écris combien de dizaines et d'unités représentent les nombres suivants.

a) 16 = _______ dizaine et _______ unités

b) 52 = _______ dizaines et _______ unités

c) 98 = _______ dizaines et _______ unités

d) 35 = _______ dizaines et _______ unités

7. Relie les nombres de la colonne de gauche aux dizaines et aux unités correspondantes dans la colonne de droite.

54	4 dizaines et 1 unité
36	9 dizaines et 9 unités
41	3 dizaines et 6 unités
57	5 dizaines et 4 unités
99	5 dizaines et 7 unités

8. En faisant des groupements de 10, compte combien de personnes ont assisté au spectacle de fin d'année de l'école.

Réponse : _____

1. Combien faut-il de dizaines pour faire une centaine?

Réponse: _____

Dessine ta démarche.

2. Trois petits cochons ont construit chacun leur maison. Compte combien de jours il leur a fallu pour la construction. Fais des groupements de dix pour t'aider.

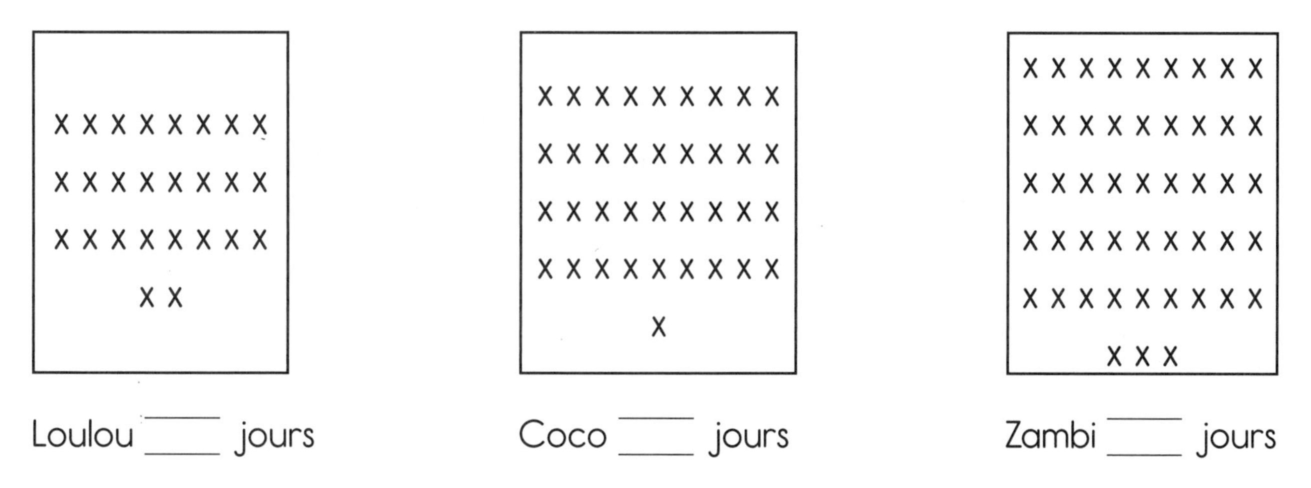

Loulou _____ jours   Coco _____ jours   Zambi _____ jours

3. Il faut 10 pièces d'un sous pour faire une pièce de 10 sous. En faisant des groupements de 10, trouve combien tu auras de pièces de 10 sous.

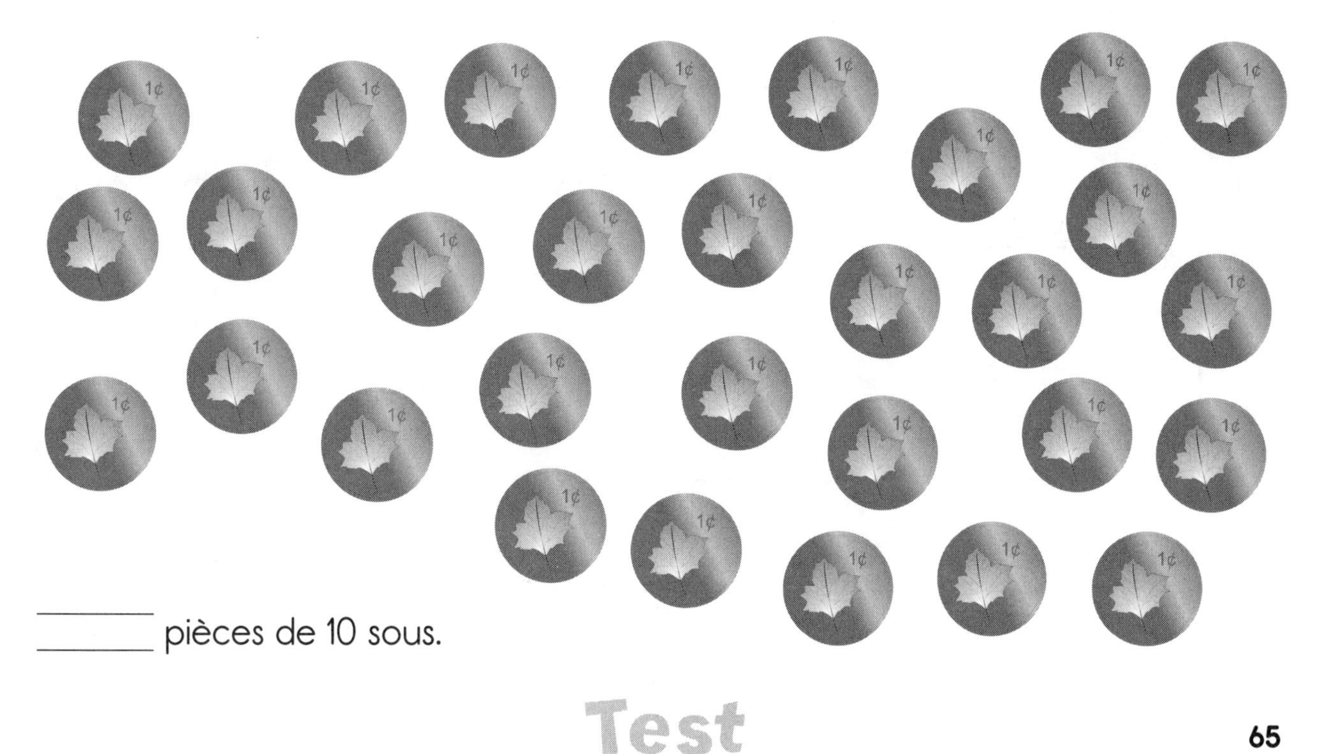

_____ pièces de 10 sous.

Test

1. Transcris en chiffres les additions suivantes.

a) 5 dizaines et 3 unités + 2 dizaines et 4 unités = 7 dizaines et 7 unités.

____

____

b) 3 dizaines et 5 unités + 1 dizaine et 3 unités = 4 dizaines et 8 unités.

____

____

c) 4 dizaines et 1 unité + 4 dizaines et 1 unité = 8 dizaines et 2 unités.

____

____

2. Écris en chiffres les dizaines et les unités suivantes. Ensuite, suis l'ordre de tes réponses pour que l'écureuil prenne le bon chemin pour se rendre à ses noix.

a) 3 dizaines 1 unité ______

b) 5 dizaines 6 unités ______

c) 7 dizaines 4 unités ______

d) 8 dizaines 0 unité ______

e) 9 dizaines 2 unités ______

31
56
74
56
29
44
80
31
54
92
72
88
27
15

3. Trouve la chaussure de Cendrillon. Biffe chaque nombre que tu trouves. À la fin, il n'en restera qu'un seul, c'est là qu'est caché l'escarpin.

12	57	25	15
99	34	74	82
63	93	81	77
27	19	61	43

a) 2 dizaines et 7 unités ______

b) 7 dizaines et 7 unités ______

c) 1 dizaines et 5 unités ______

d) 3 dizaines et 4 unités ______

e) 1 dizaine et 9 unités ______

f) 7 dizaines 4 unités ______

g) 9 dizaines et 3 unités ______

h) 5 dizaines et 7 unités ______

i) 8 dizaines et 1 unité ______

j) 1 dizaine et 2 unités ______

k) 6 dizaines et 3 unités ______

l) 2 dizaines et 5 unités ______

m) 6 dizaines et et 1 unité ______

n) 4 dizaines et 3 unités ______

o) 8 dizaines et 2 unités ______

La chaussure restante porte le numéro : ______

4. Trouve la date à laquelle sont nées les personnes suivantes. Le mois de janvier équivaut à une unité et le mois de décembre, à 1 dizaine et 2 unités.

	jour	mois	réponse
a) Alexie :	1 dizaine 5 unités	4 unités	______
b) Olivier :	6 unités	1 dizaine et 2 unités	______
c) Marc :	1 unité	6 unités	______
d) Murielle :	______	2 dizaines et 4 unités	1 dizaine et 1 unité

5. Colorie l'image selon les couleurs demandées.

1: bleu
2: vert
3: rouge
4: jaune
5: violet

1. Encercle la bonne réponse.

La tasse est…

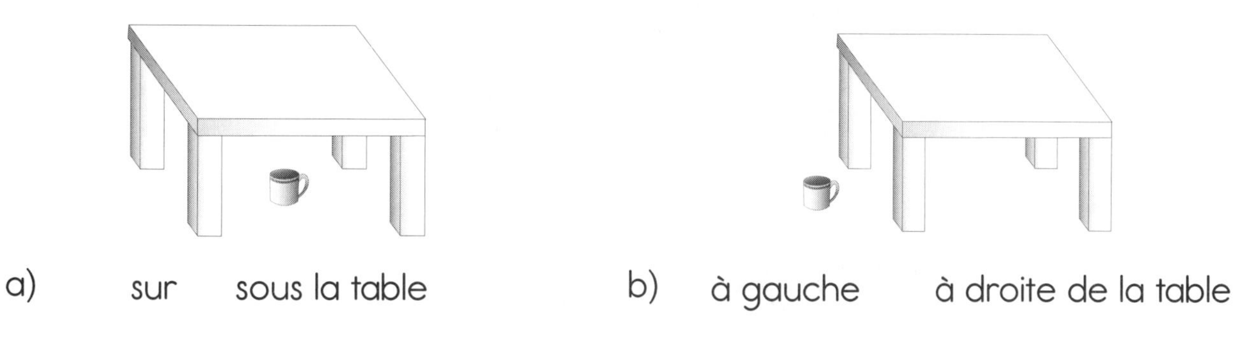

a) sur sous la table

b) à gauche à droite de la table

2. Regarde bien la grille et réponds aux questions.

12	41	57	89
7	22	63	10
99	36	72	1

a) Je suis entre 22 et 10. ________

b) Je suis à gauche de 36. ________

c) Je suis en dessous de 89. ________

d) Je suis à la droite de 72. ________

3. Colorie en bleu l'oiseau à l'extérieur du nid et en vert celui à l'intérieur du nid.

4. Encercle les lignes ouvertes.

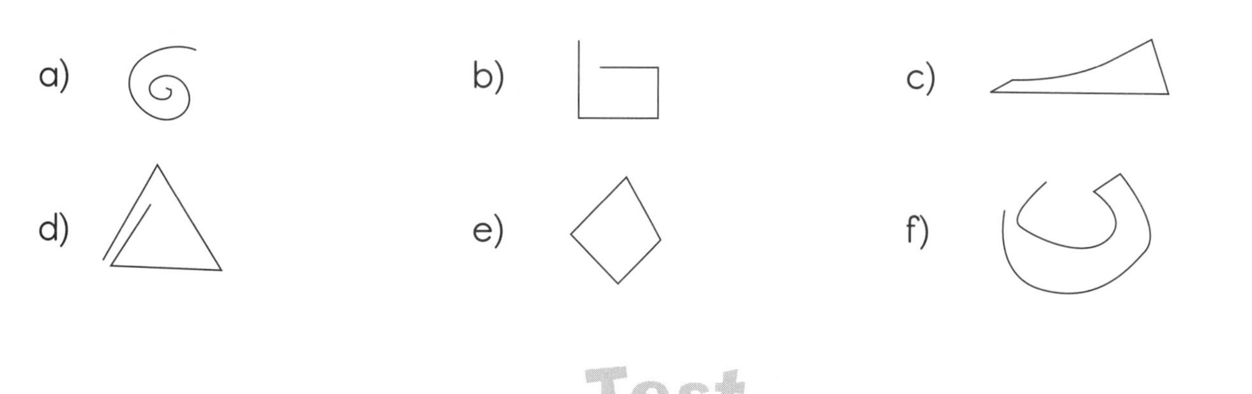

1. Observe l'illustration et réponds aux questions.

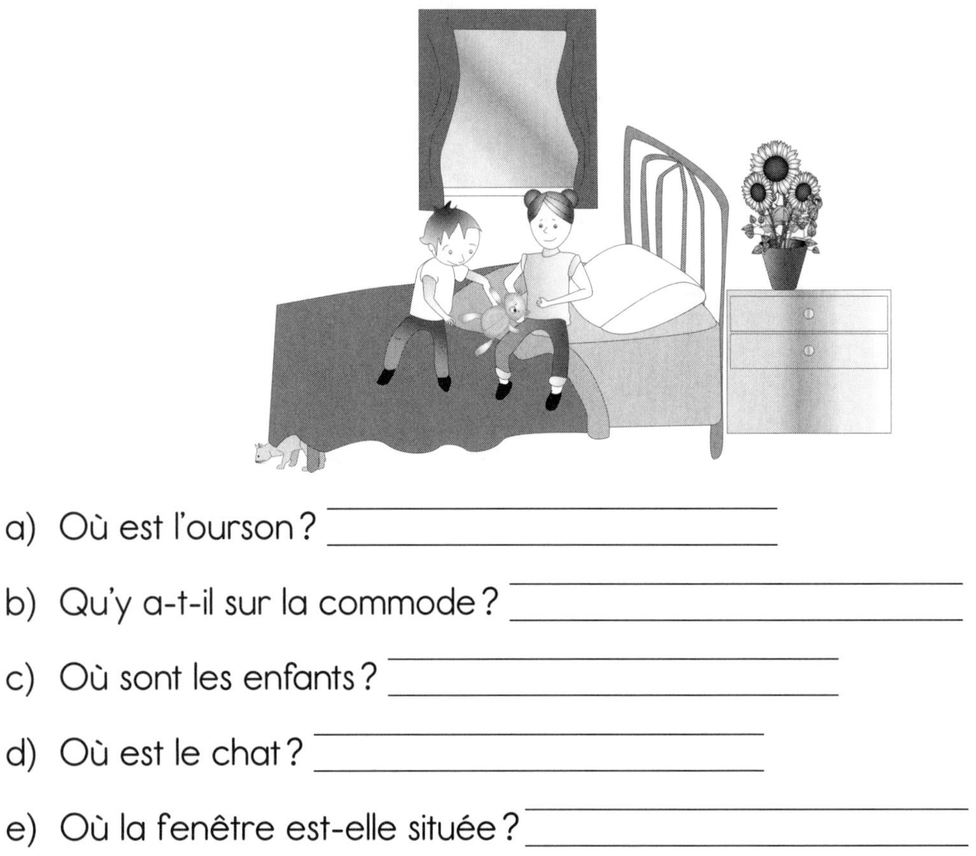

a) Où est l'ourson? ______________________

b) Qu'y a-t-il sur la commode? ______________________

c) Où sont les enfants? ______________________

d) Où est le chat? ______________________

e) Où la fenêtre est-elle située? ______________________

2. Colorie l'intérieur des beignes en bleu et l'extérieur en rouge.

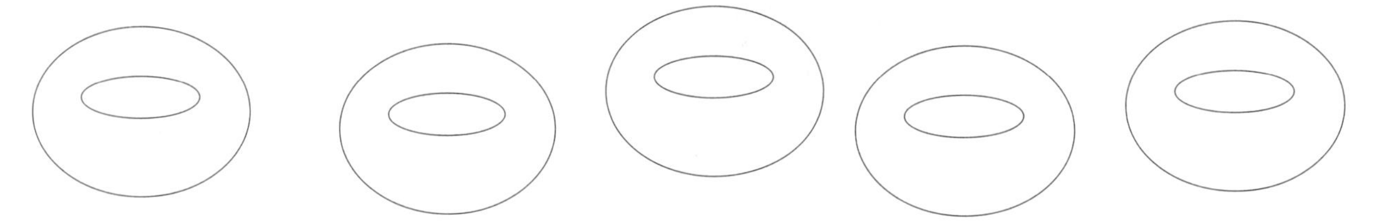

3. Colorie en vert les ballons qui sont à l'intérieur d'une région.

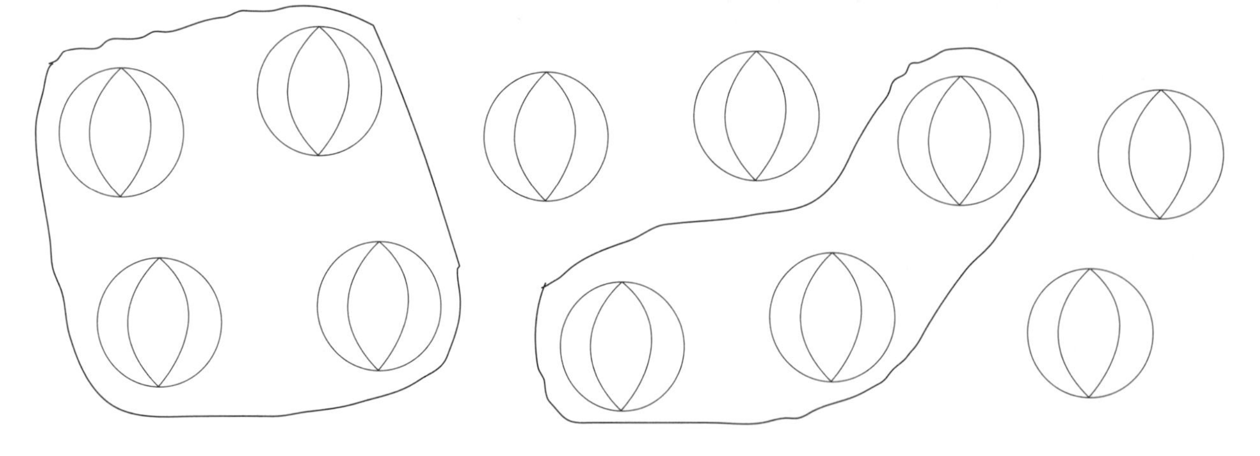

4. Encercle la bonne réponse.

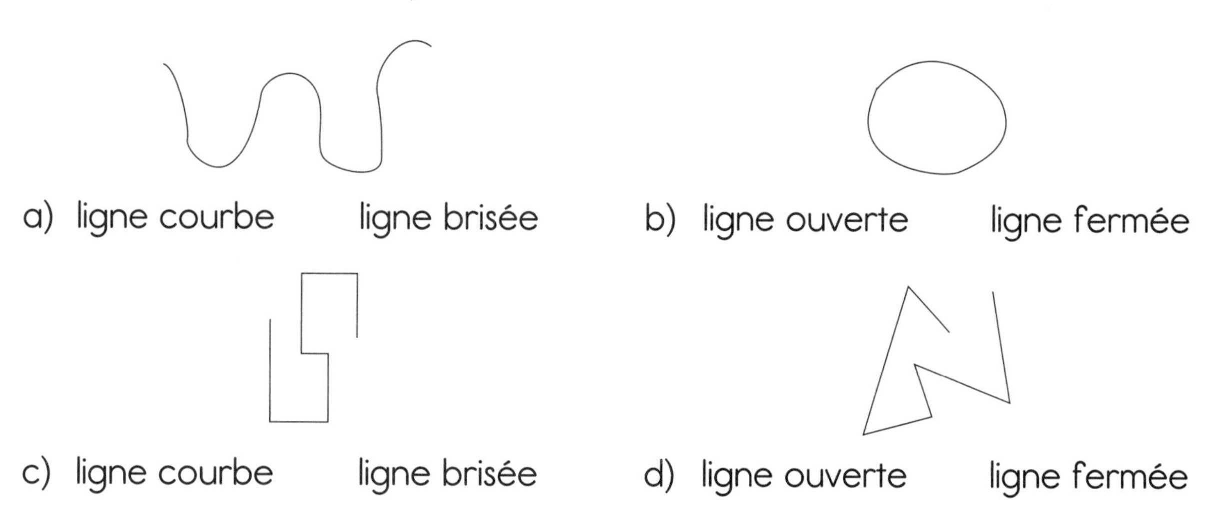

a) ligne courbe ligne brisée

b) ligne ouverte ligne fermée

c) ligne courbe ligne brisée

d) ligne ouverte ligne fermée

5. Colorie en jaune les autos à l'intérieur de la frontière, en vert celles à l'extérieur et en rouge celles sur la frontière.

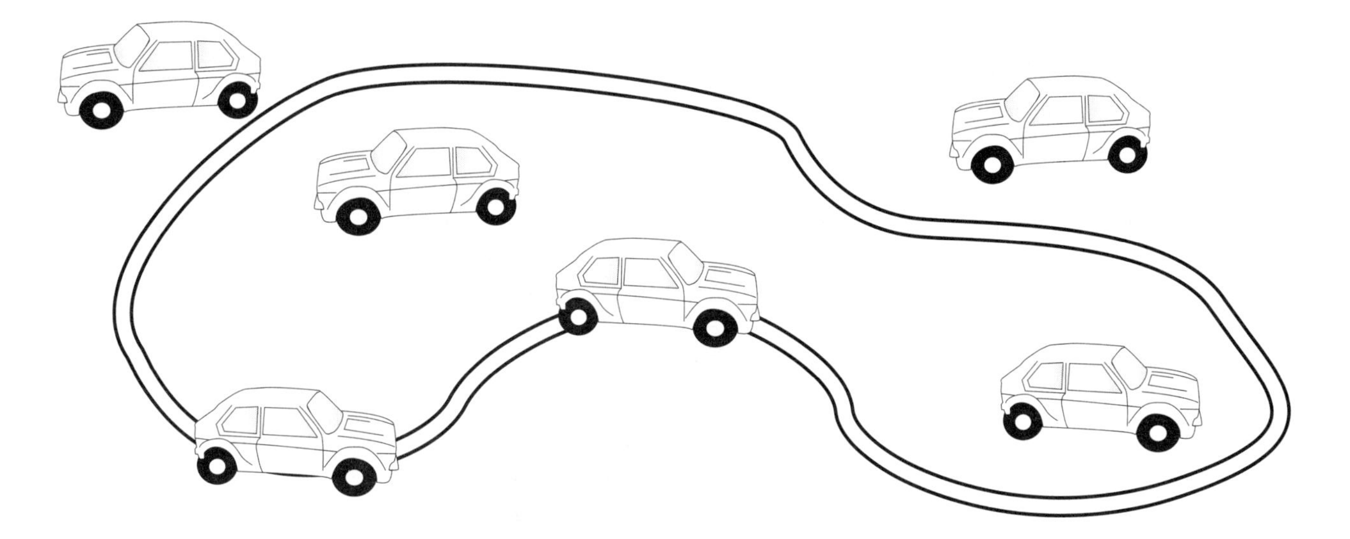

6. Colorie chaque région d'une couleur différente.

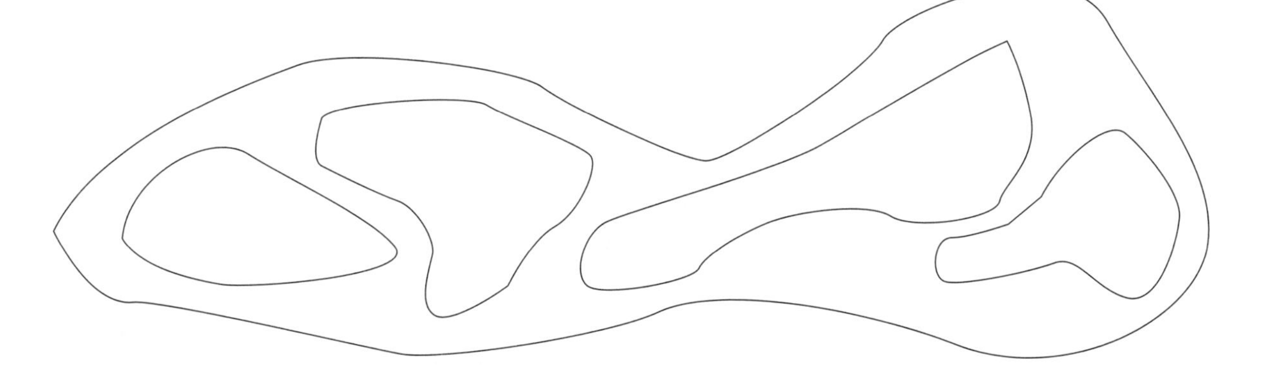

7. Suis le chemin pour te rendre à la banque.

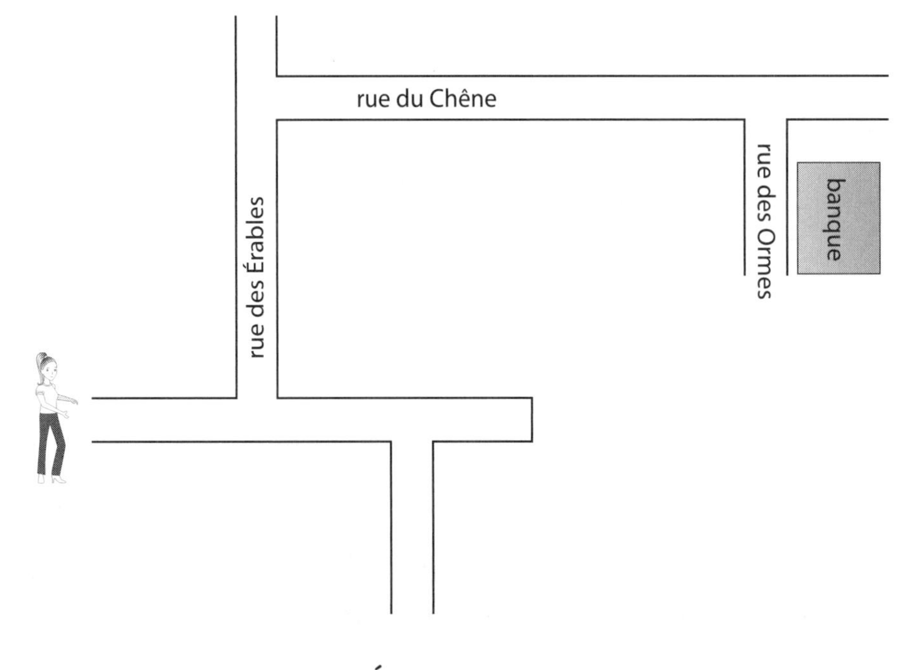

Tourne à gauche dans la rue des Érables.
Tourne à droite dans la rue du Chêne.
Tourne à droite dans la rue des Ormes.

8. Dessine 2 pommes sous l'arbre, un soleil au-dessus de l'arbre. Dessine un enfant à la gauche de l'arbre.

9. Colorie en vert les œufs qui sont sous les nids et en rouge, ceux au-dessus des nids.

1. Fais un x dans la bonne case.

		Ligne ouverte	Ligne fermée	Ligne courbe	Ligne brisée
a)					
b)					
c)					
d)					

2. Dessine une frontière pour que 2 poules soient à l'extérieur de la frontière. Puis, dessine un panier sur la frontière.

3. Complète les illustrations selon les indications.

Dessine 3 boutons rouges sur la tunique du magicien.
Dessine un lapin à gauche du magicien.
Dessine une carte à jouer dans la main du magicien.
Dessine une scie sous la table.

1. Trace le chemin pour sortir, si c'est possible. Si c'est impossible, fais un x sur l'illustration.

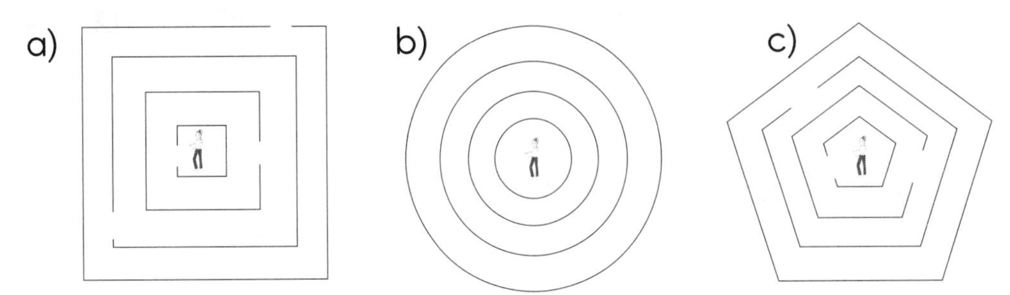

2. Colorie chaque région d'une couleur différente.

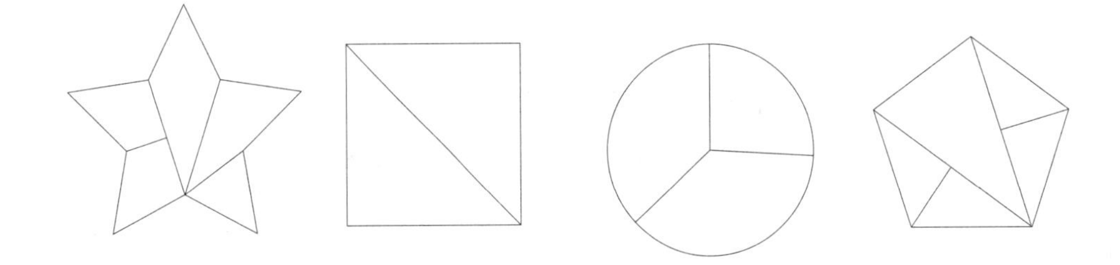

3. Dessine une ligne courbe.

4. Dessine une ligne fermée.

5. Dessine une ligne ouverte.

6. Dessine une ligne brisée.

7. Pour trouver le fruit mystère, tu dois biffer tous les indices.

pomme	fraise	cantaloup	cerises
banane	bleuet	pastèque	mangue
orange	kiwi	ananas	raisons

Je ne suis pas à gauche de la fraise.
Je ne suis pas entre la banane et la pastèque.
Je ne suis pas au-dessus de la mangue.
Je ne suis pas à droite de l'ananas.
Je ne suis pas sous la pastèque.
Je ne suis pas sous les cerises.
Je ne suis pas entre le cantaloup et l'ananas.
Je ne suis pas entre la pomme et le cantaloup.
Je ne suis pas sous la banane.
Je ne suis pas à gauche de l'ananas.
Je ne suis pas au-dessus de la pastèque.

Fruit mystère : ______________________

8. Amuse-toi à tracer le plan d'un quartier.

9. Trace le chemin que doit suivre Pamela pour se rendre à son cours de danse en suivant les indications suivantes. Tu dois remplir les blancs.

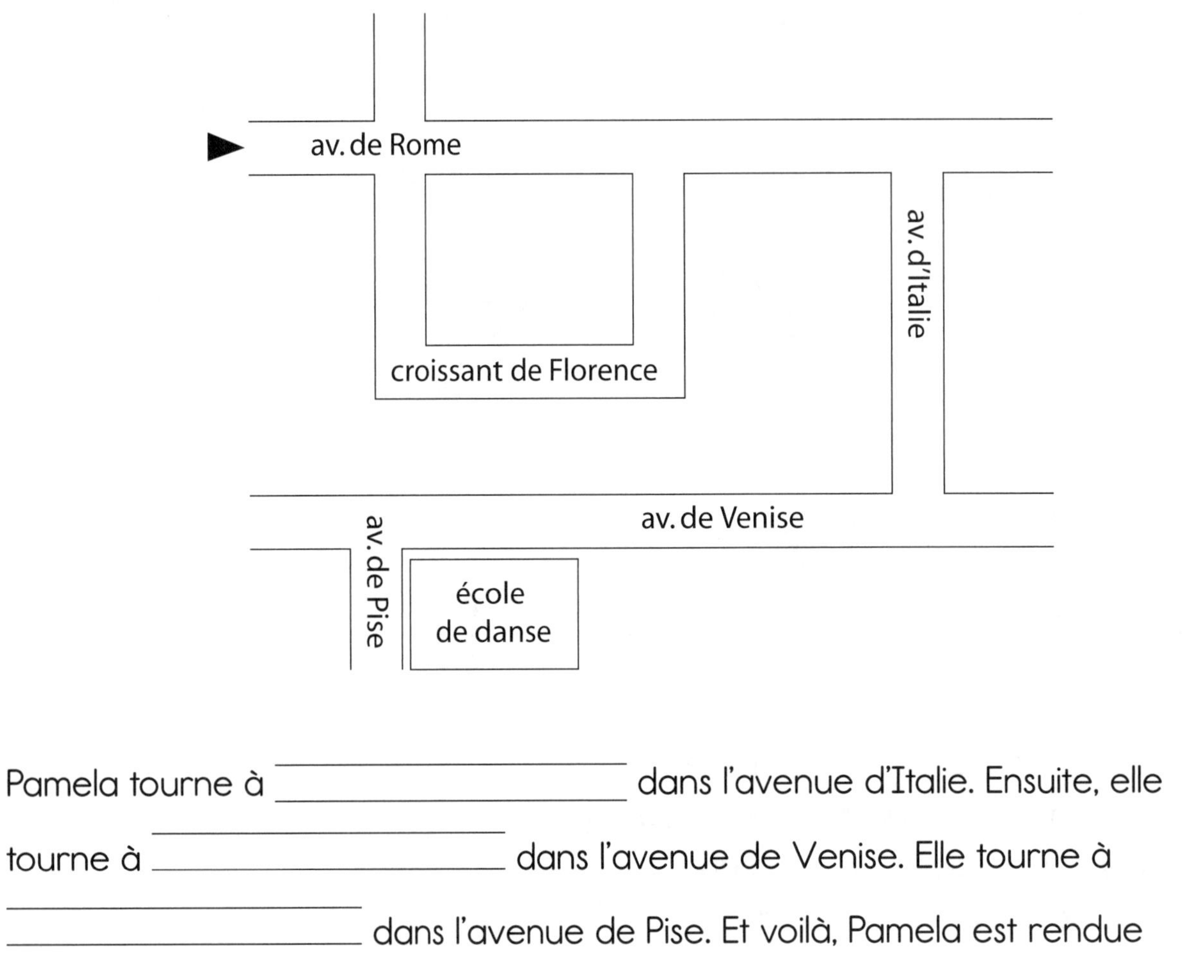

Pamela tourne à ______________________ dans l'avenue d'Italie. Ensuite, elle tourne à ______________________ dans l'avenue de Venise. Elle tourne à ______________________ dans l'avenue de Pise. Et voilà, Pamela est rendue à l'école de danse.

10. Complète les dessins pour que chacun ait 3 régions.

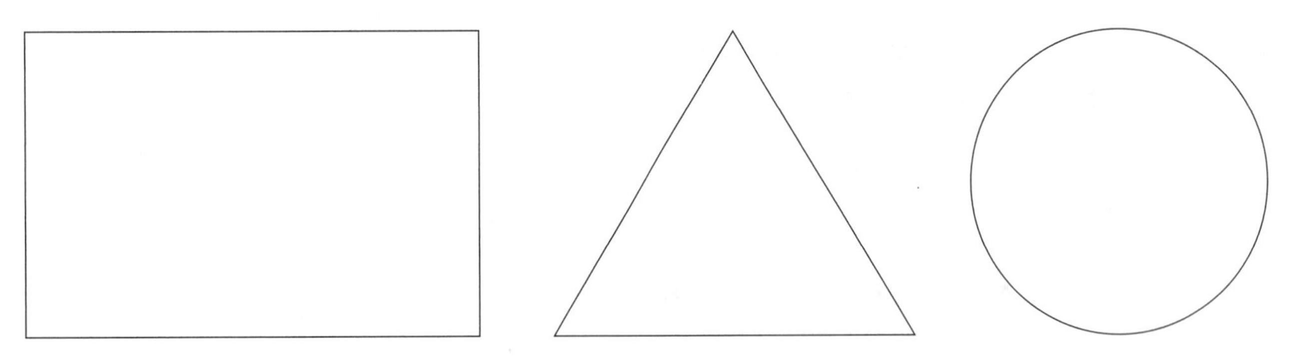

1. Relie chaque figure plane à son nom.

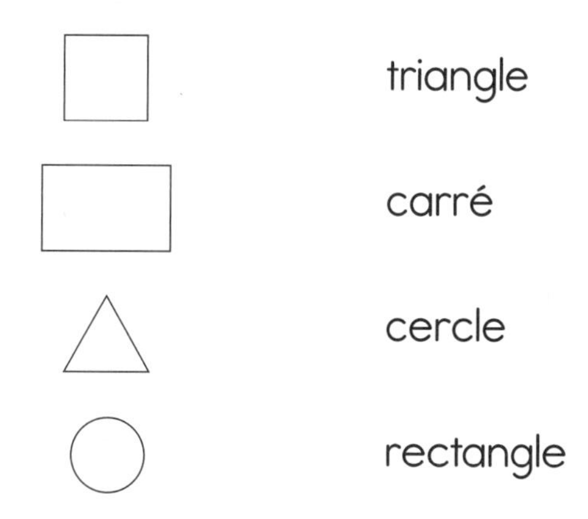

2. Colorie les figures selon les couleurs demandées.

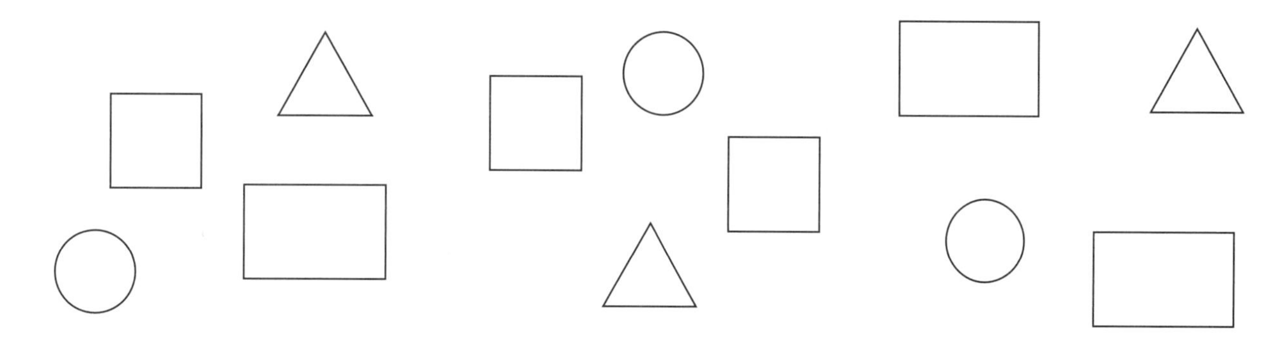

Colorie les triangles en vert.
Colorie les rectangles en rouge.
Colorie les cercles en bleu.
Colorie les carrés en jaune.

3. Écris le nombre de côtés de chacune des figures.

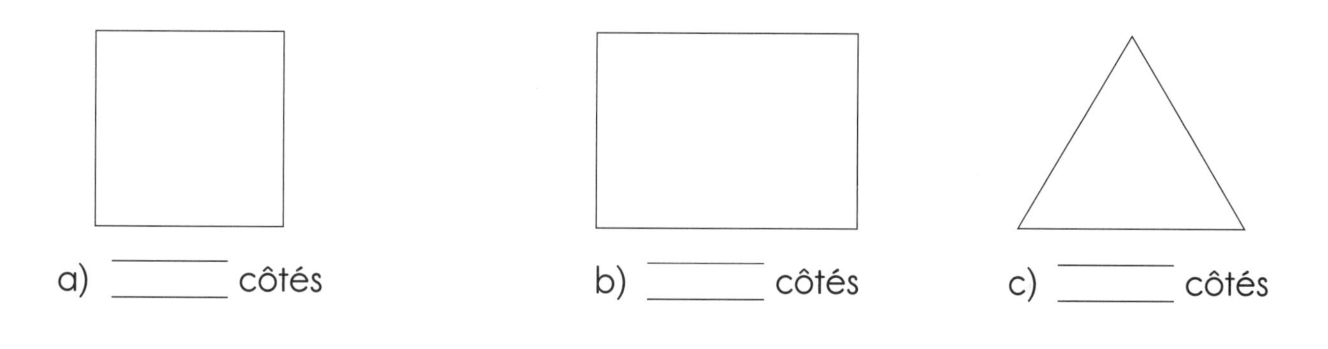

1. Écris le nom des figures.

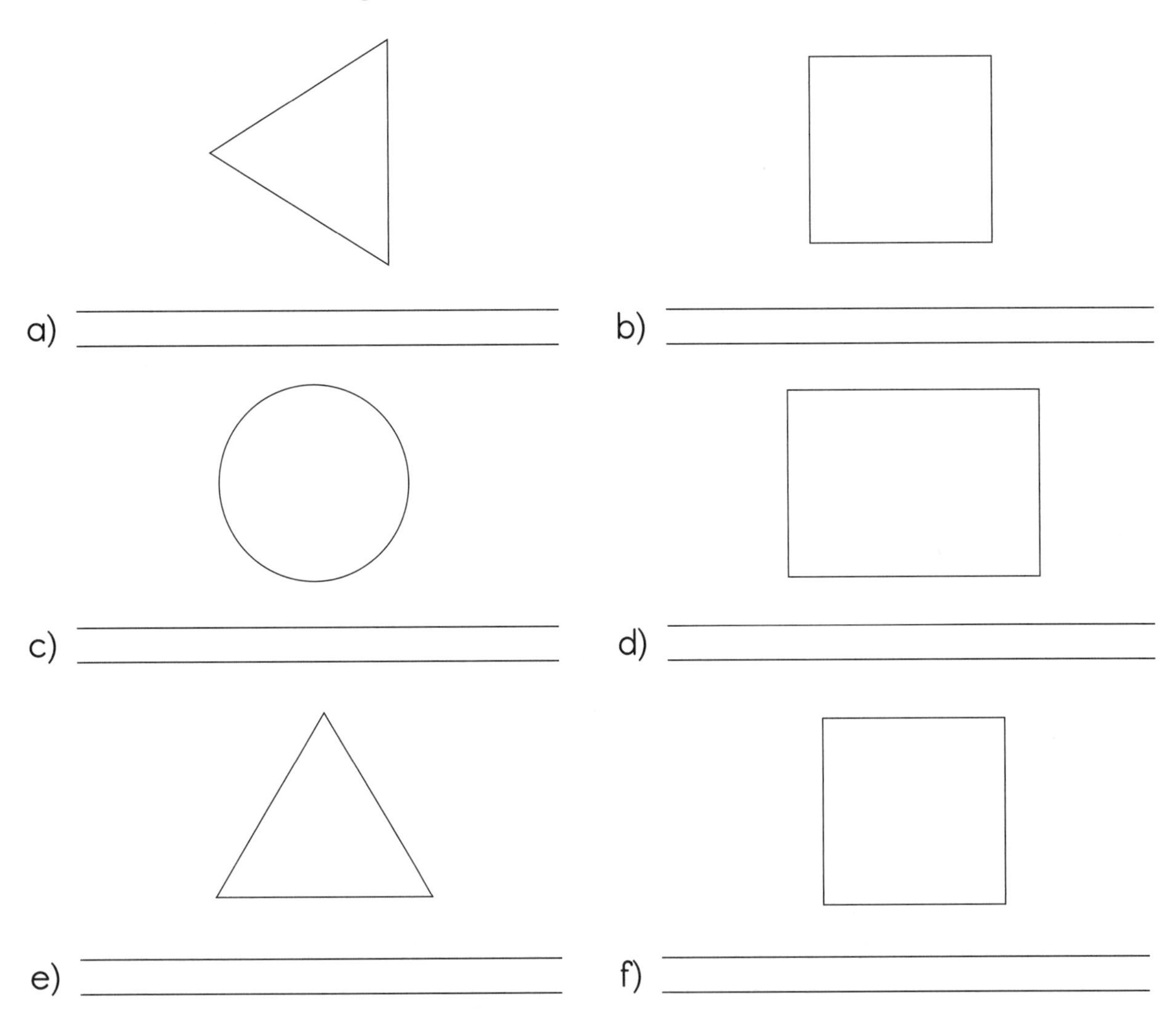

2. Relie les points pour former les figures demandées.

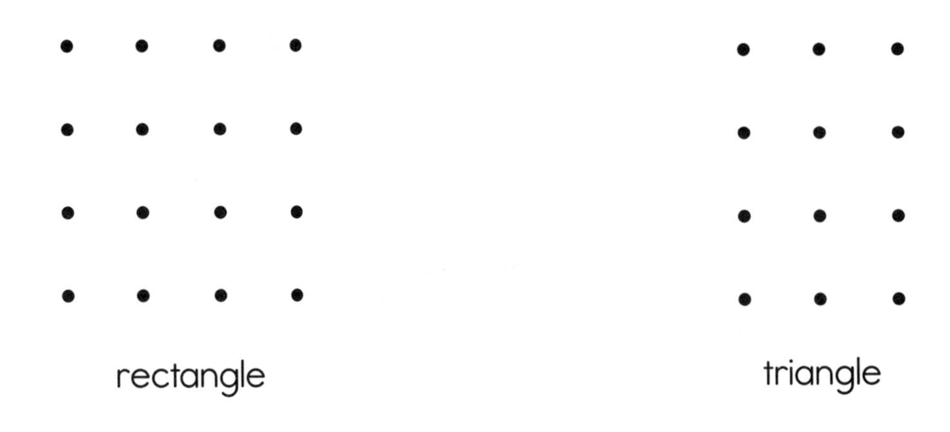

3. Écris le nombre de côtés pour chacune des figures.

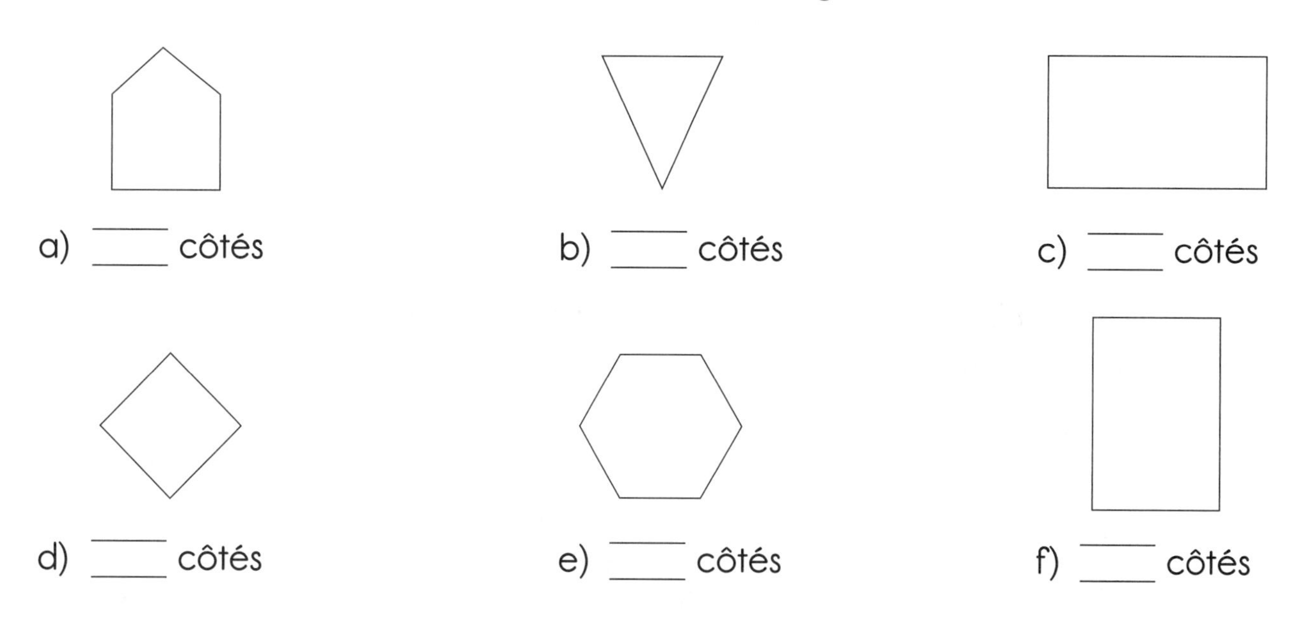

a) ____ côtés

b) ____ côtés

c) ____ côtés

d) ____ côtés

e) ____ côtés

f) ____ côtés

4. Complète les carrés.

5. Complète les triangles.

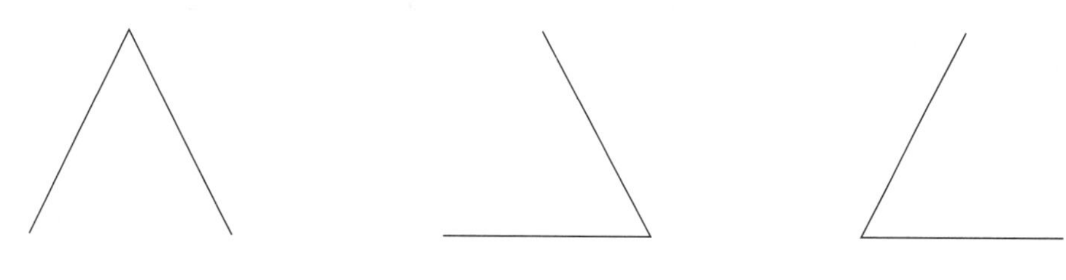

6. Complète les rectangles.

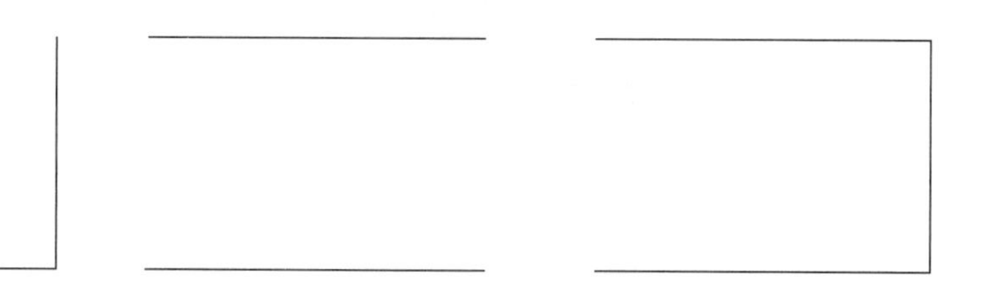

7. Complète les cercles.

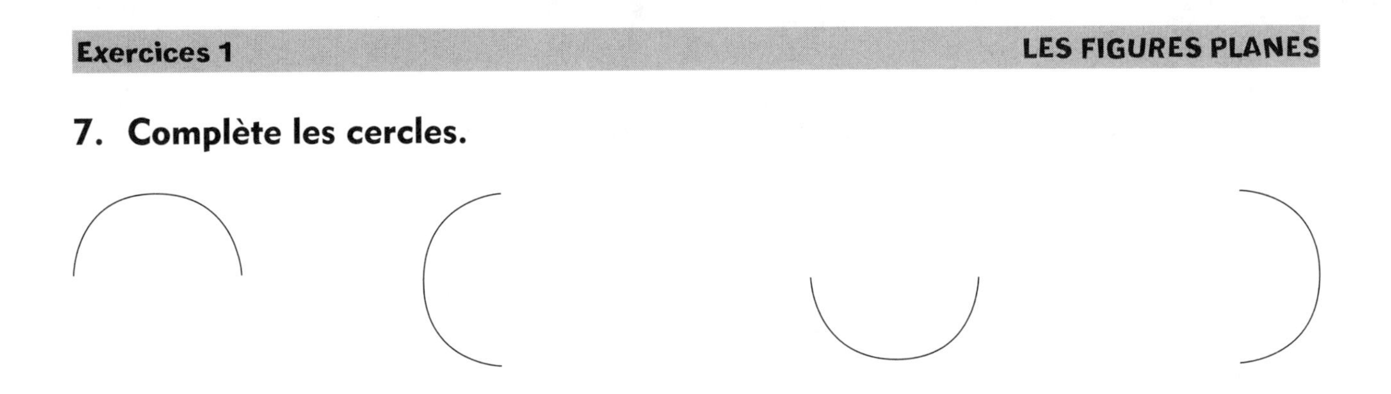

8. Observe ces objets de la vie courante. Écris sous chacun d'eux à quelle figure il te fait penser.

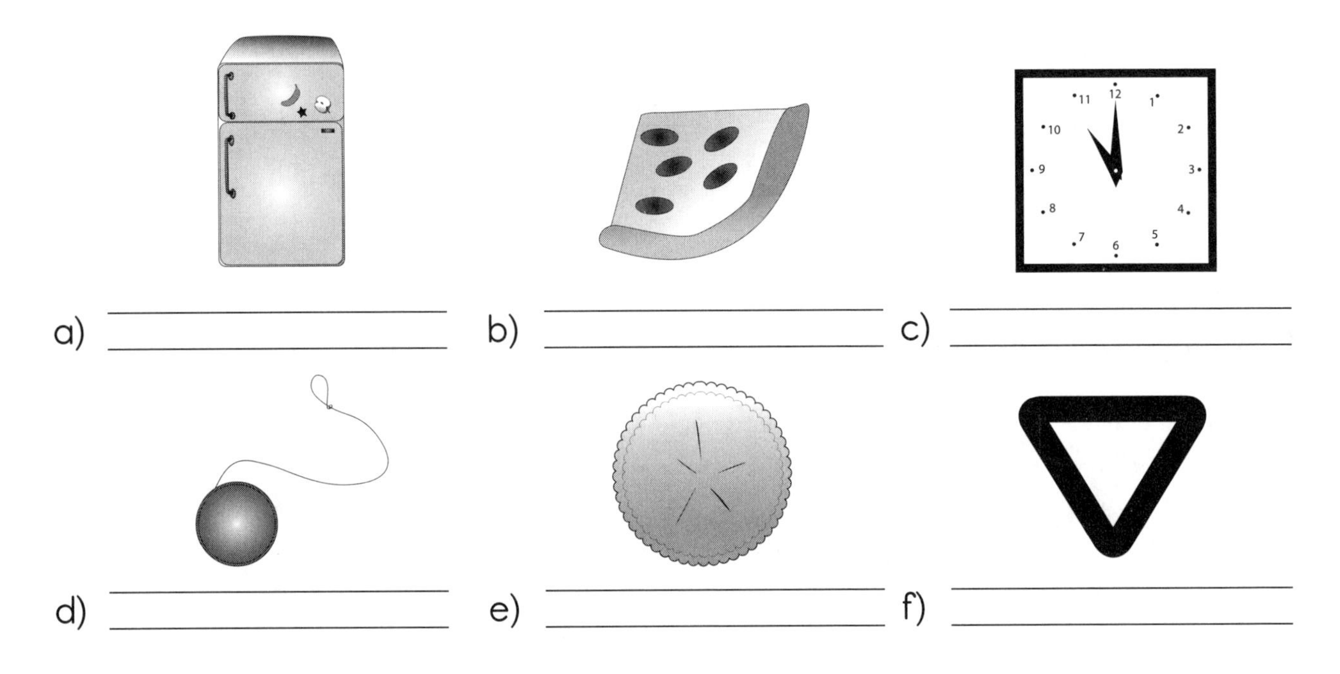

a) ______________________ b) ______________________ c) ______________________

d) ______________________ e) ______________________ f) ______________________

9. De combien de figures à 4 côtés est composée la voiture ? Combien y a-t-il de figures à 3 côtés ?

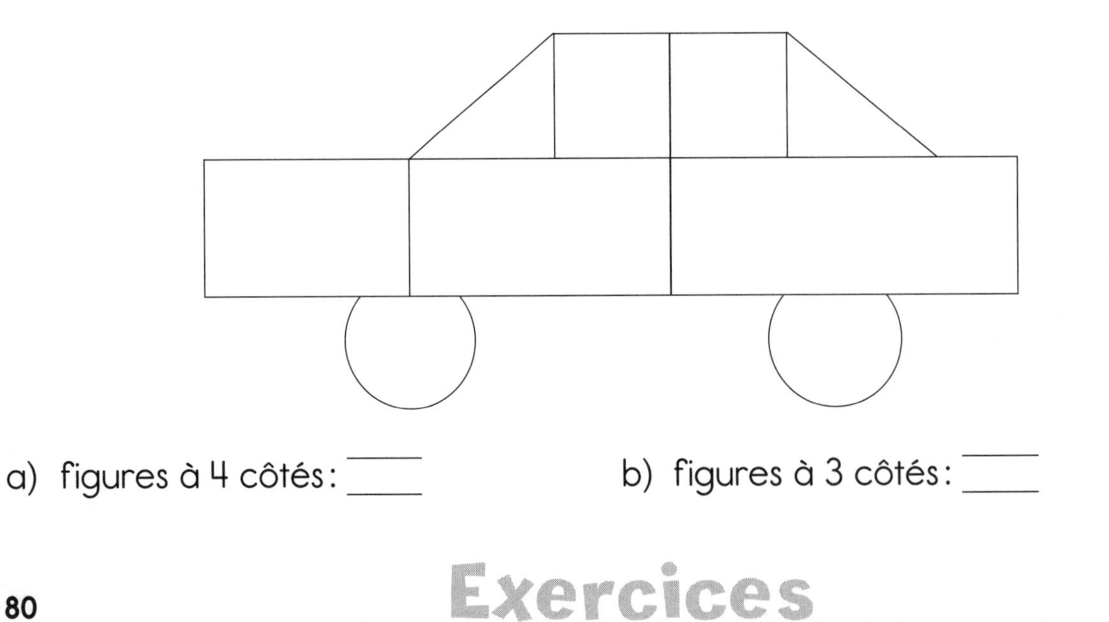

a) figures à 4 côtés : ____ b) figures à 3 côtés : ____

10. Dessine un triangle à l'intérieur d'un cercle.

11. Trace 2 figures différentes qui ont 3 côtés. Ensuite, trace 2 figures différentes à 4 côtés. Sers-toi de ta règle pour faire de belles figures.

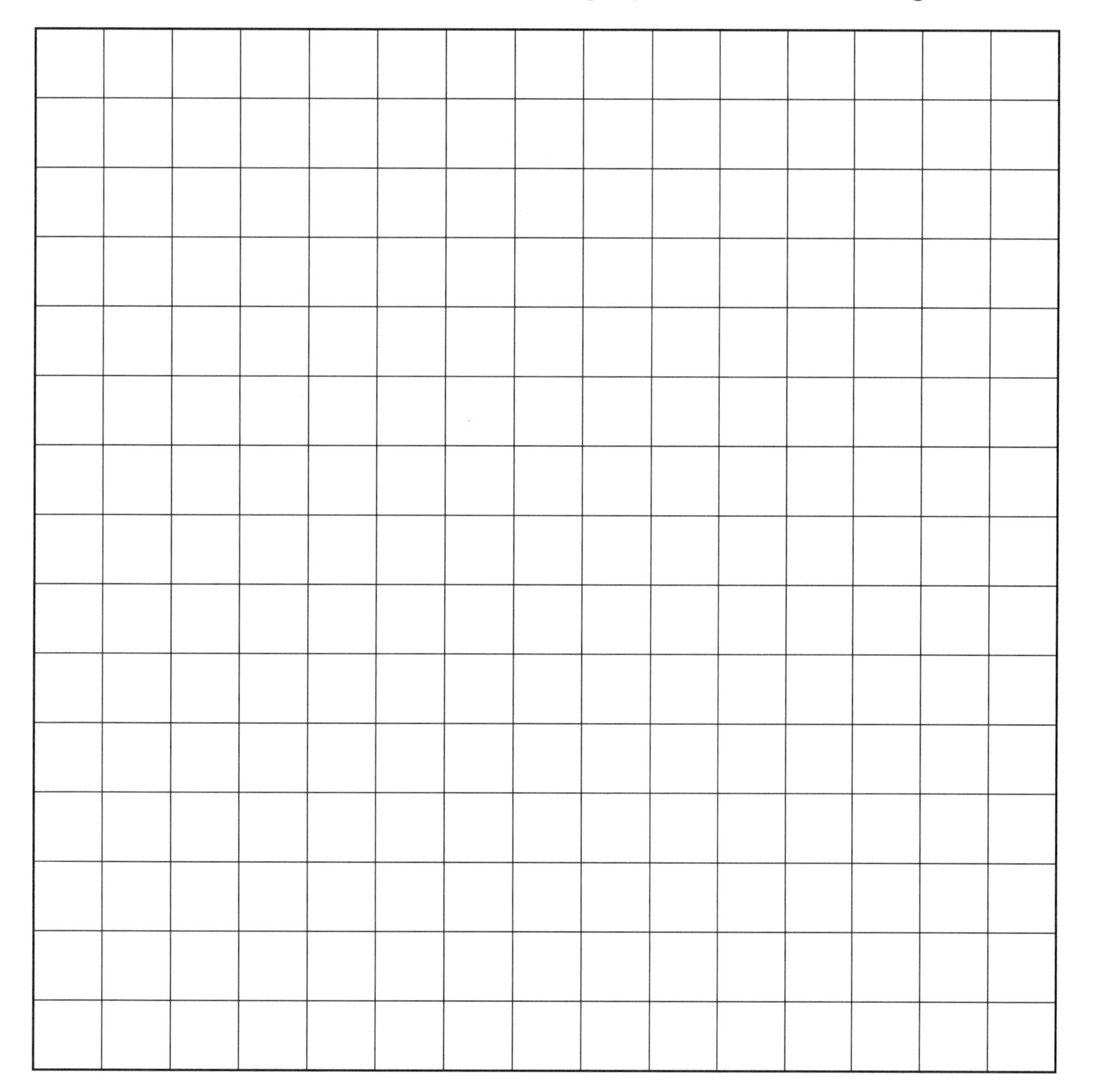

12.Encercle, dans chaque case, la figure qui est différente des autres.

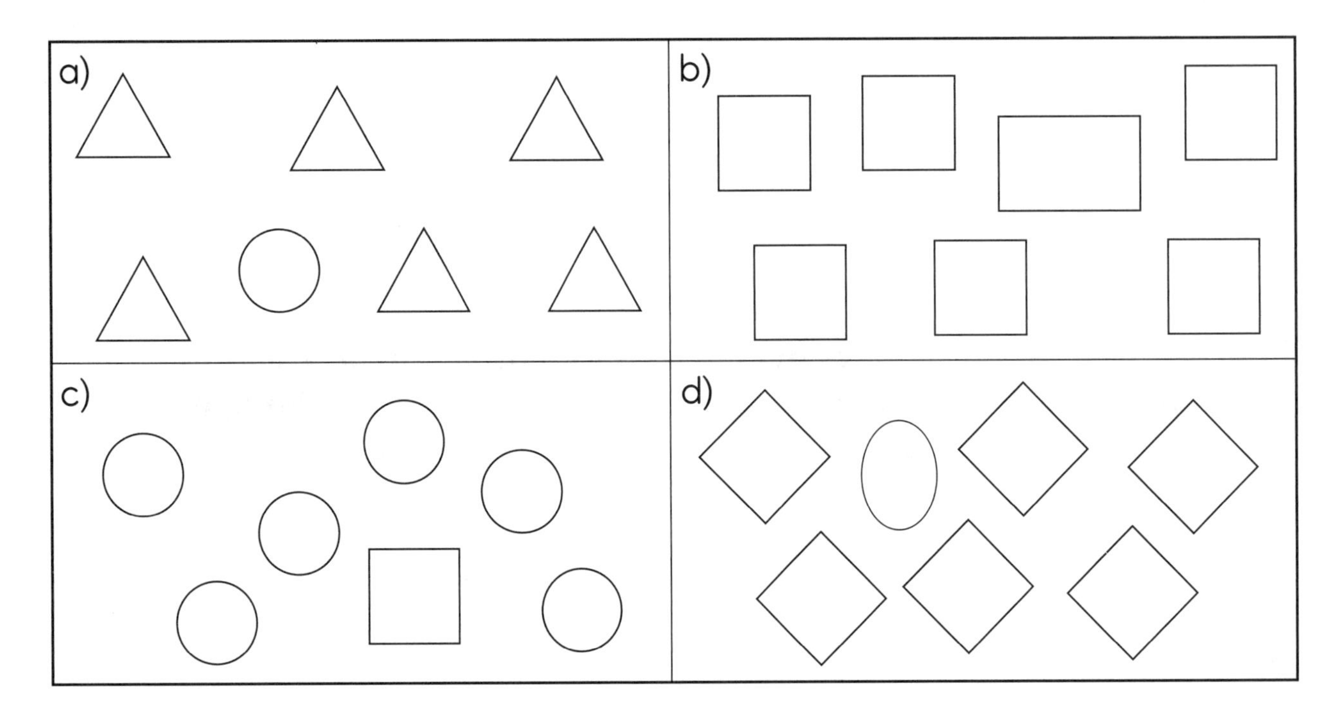

13. Passe seulement sur des figures à 3 côtés pour te rendre au magasin.

1. Écris le nom de chacune des figures.

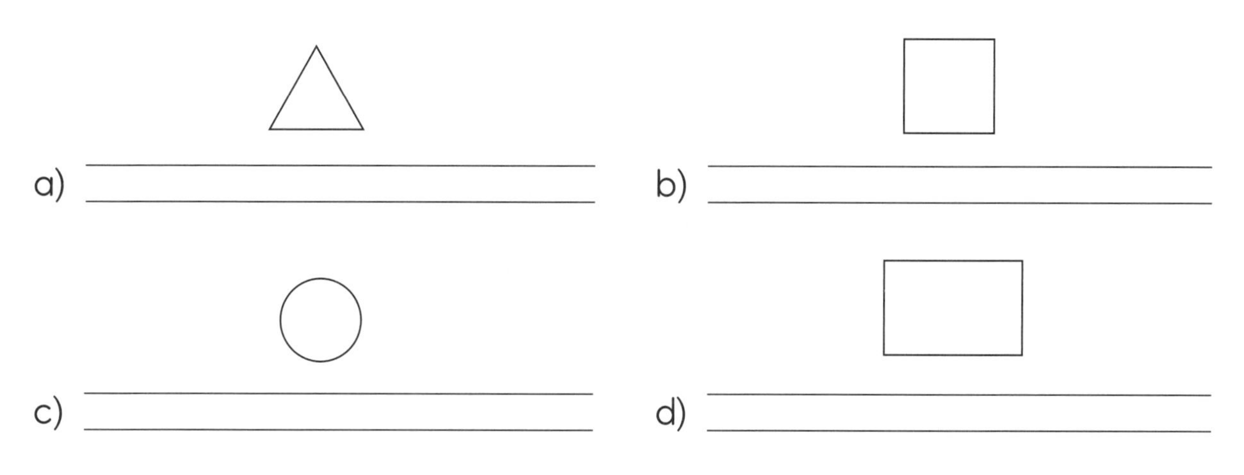

2. Écris le nombre de côtés que possède chacune des figures.

3. Colorie tous les coins des formes suivantes.

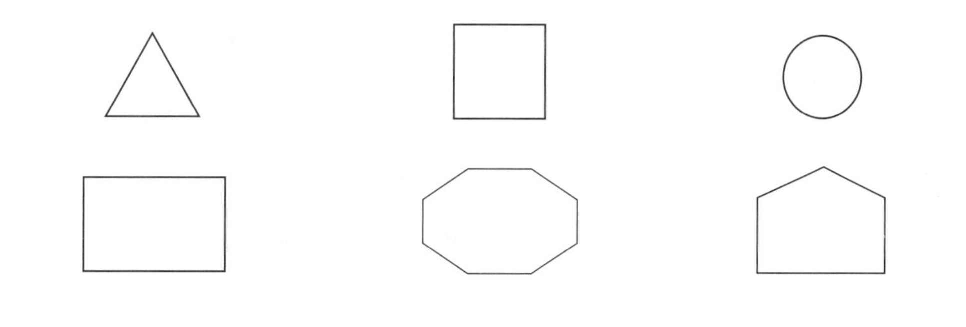

4. Réponds aux questions.

a) J'ai quatre côtés égaux. Qui suis-je? ______________________

b) J'ai trois côtés. Qui suis-je? ______________________

1. Compte et écris combien il y a de ...

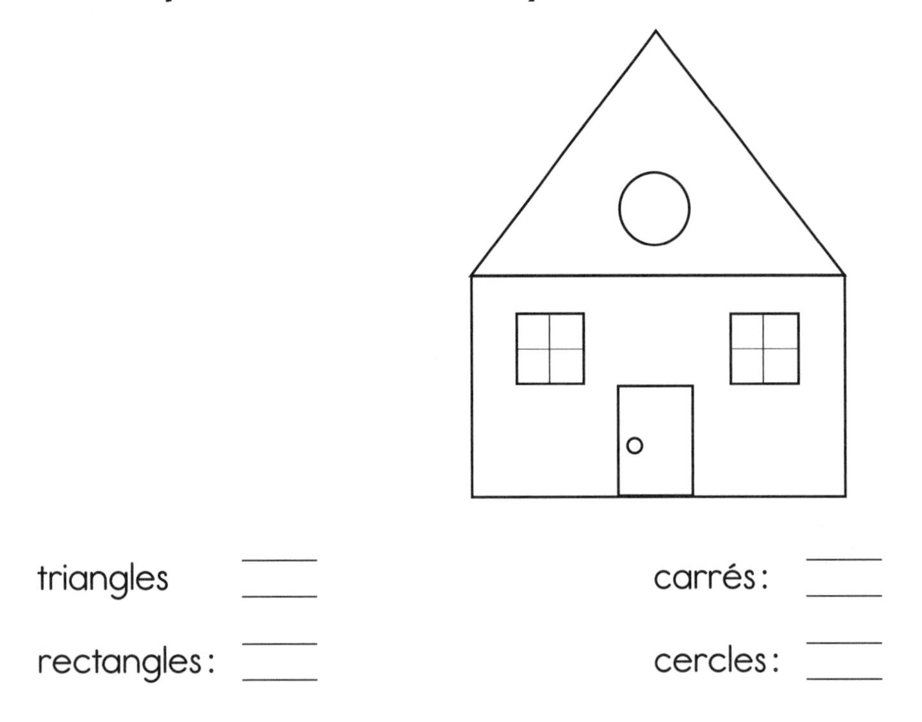

triangles ____ carrés : ____

rectangles : ____ cercles : ____

2. Utilise un crayon rouge pour relier les points et tracer le plus grand carré possible. Ensuite, utilise un crayon vert pour relier les points et tracer le plus petit carré possible.

3. Aide Milos à se rendre à la maison. Passe seulement sur les carrés.

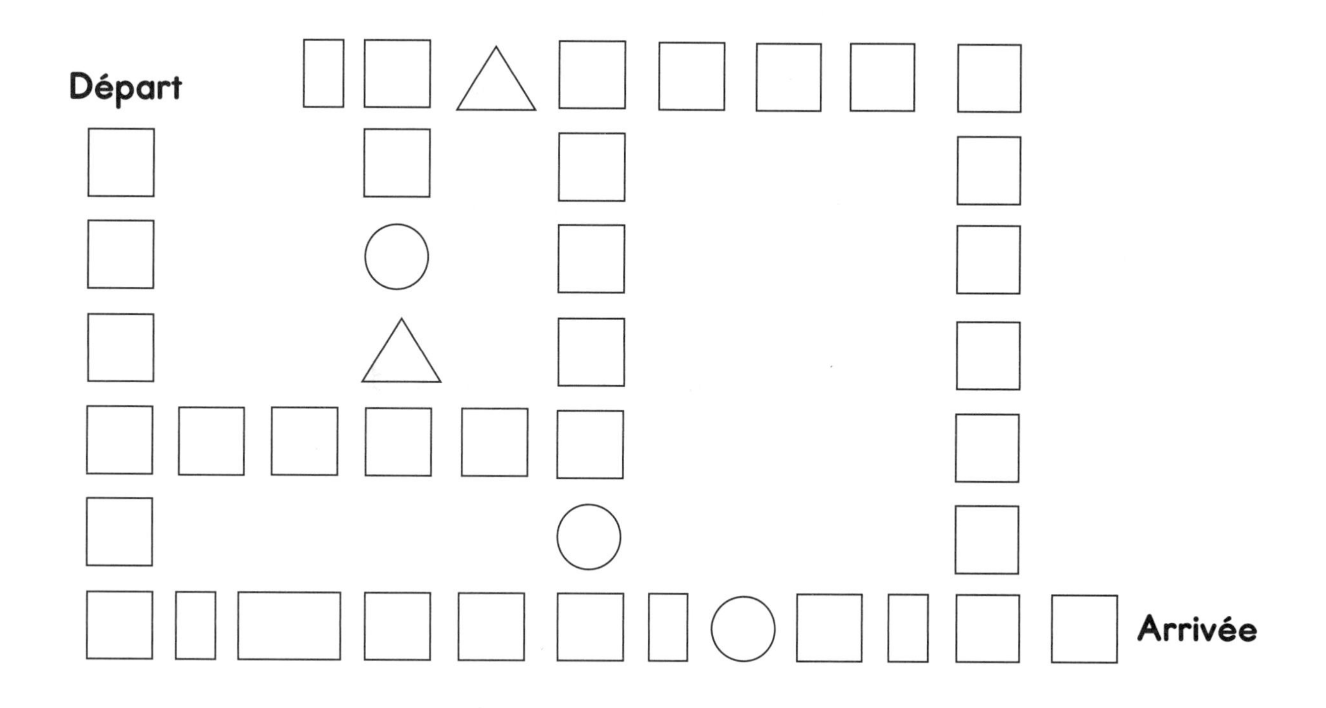

4. Colorie les triangles que tu vois sur les illustrations.

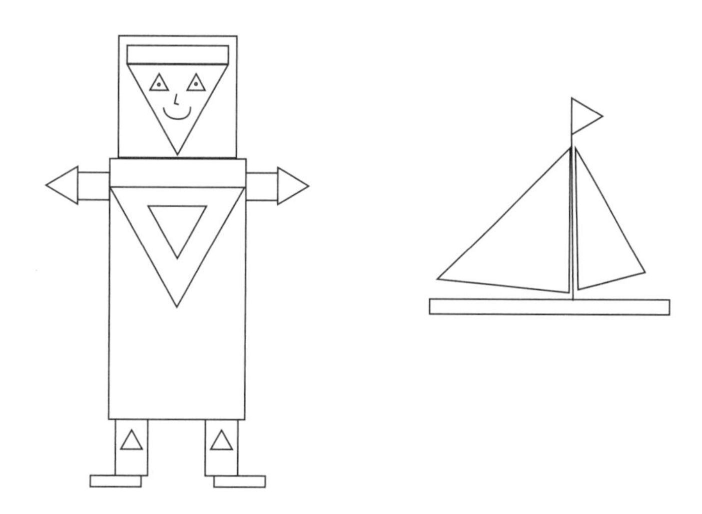

5. Colorie les figures identiques à la première.

6. Suis les consignes pour dessiner une maison. Après tu pourras la colorier avec les couleurs de ton choix.

Dessine un gros carré pour faire le centre de la maison.

Dessine un triangle pour faire le toit.

Dessine un petit cercle au centre du triangle. Et voilà une belle fenêtre.

Dessine un rectangle pour faire la porte.

Dessine deux carrés au-dessus de la porte pour faire les fenêtres.

Dessine un petit cercle sur la porte pour faire le bouton de la poignée.

Dessine un petit rectangle à gauche de la maison. C'est le tronc du sapin.

Dessine un grand triangle au-dessus du tronc.

1. Relie les solides à leur nom.

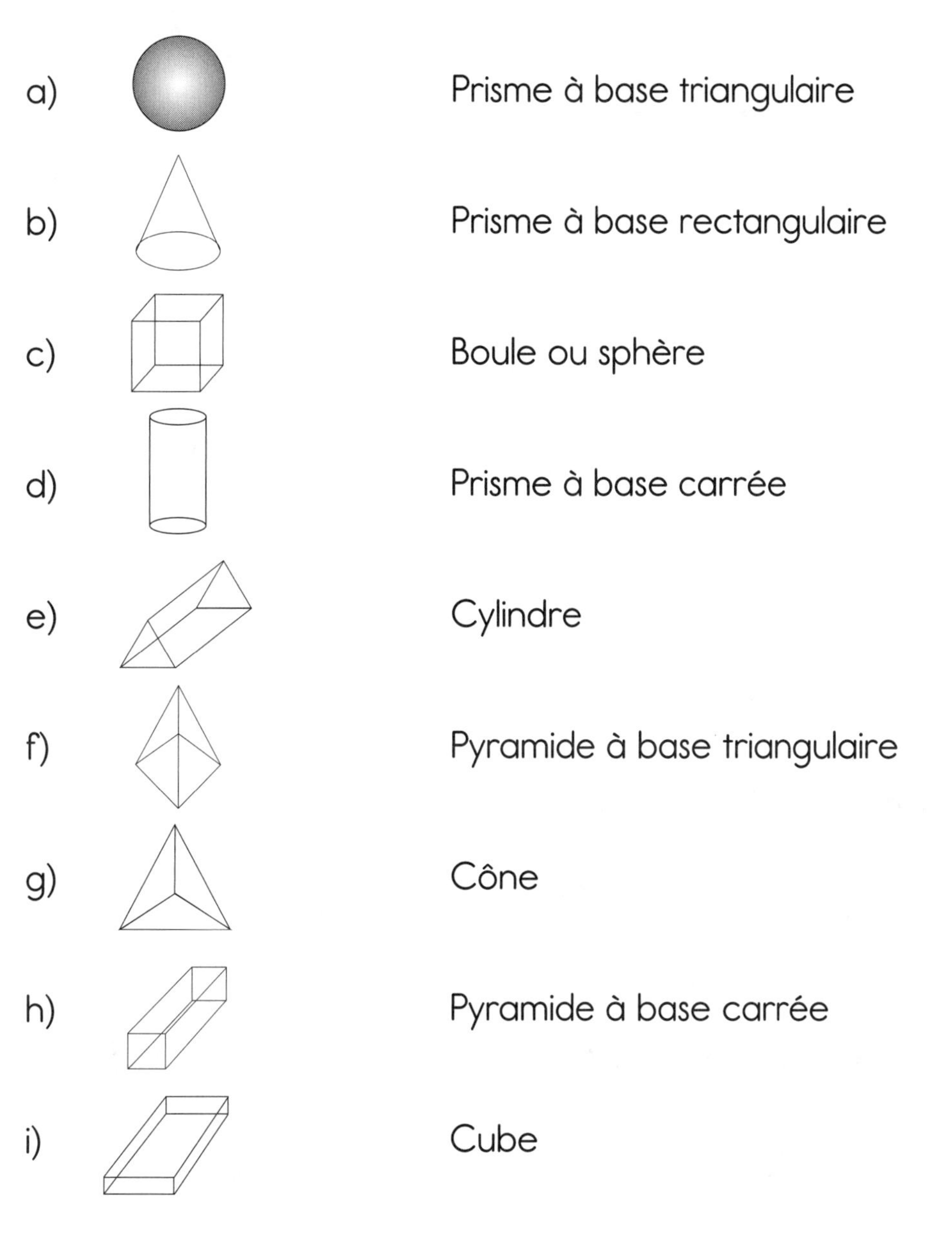

2. Relie le solide à la figure plane qui lui ressemble.

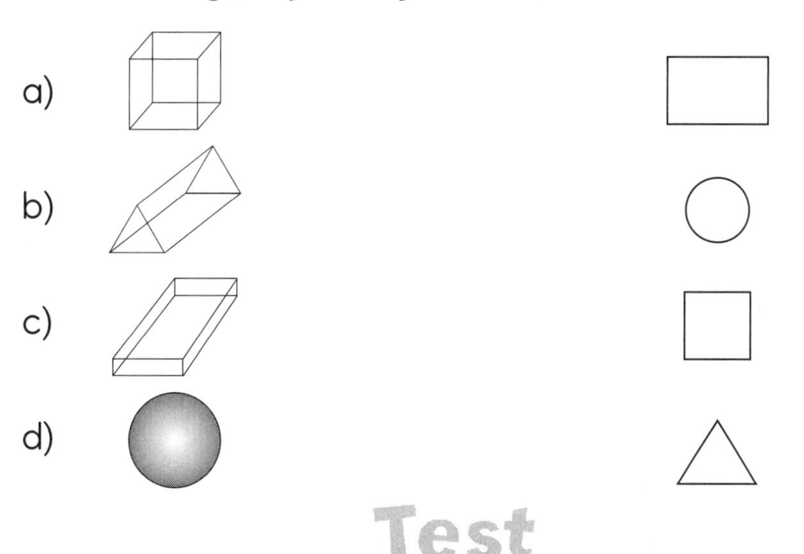

1. Relie chaque objet de la vie courante au solide qui lui ressemble.

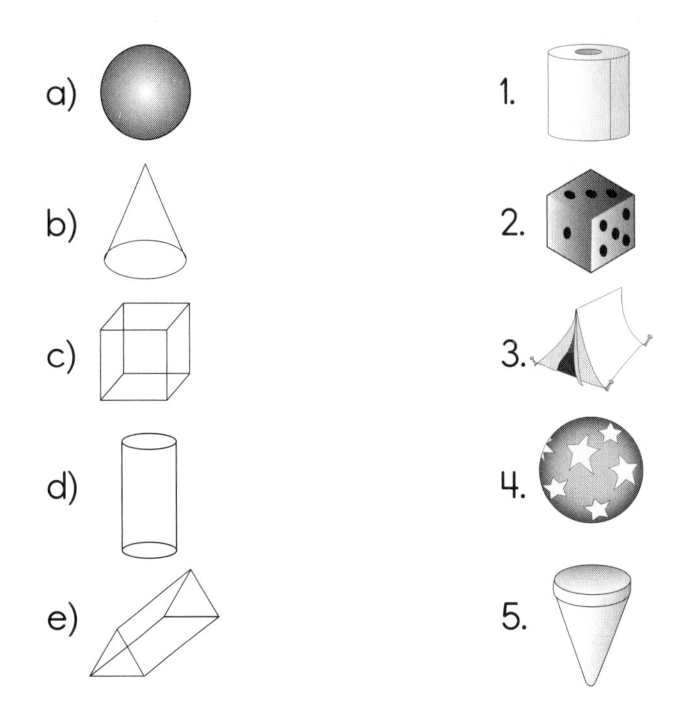

2. Encercle les solides qui roulent.

3. Quels solides peux-tu construire avec ces figures planes ?

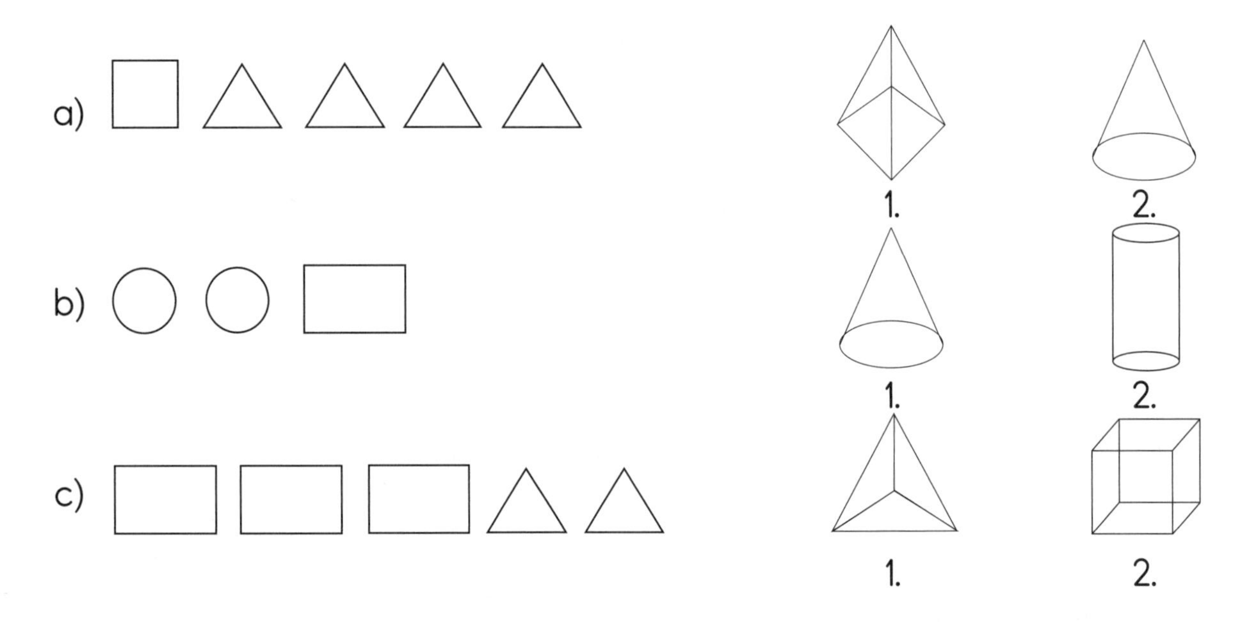

4. Suis les pointillés pour former les solides.

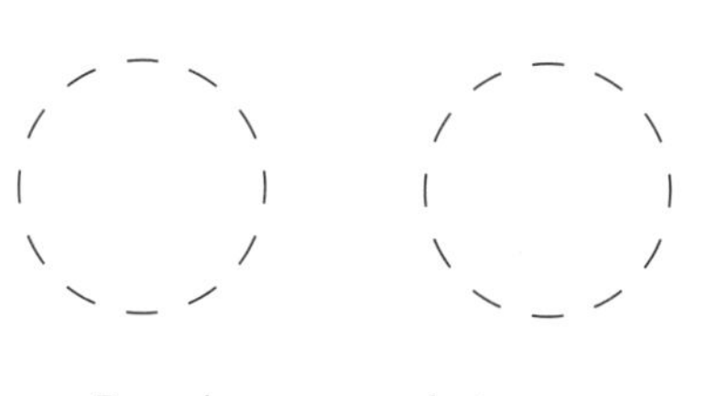

Boule ou sphère

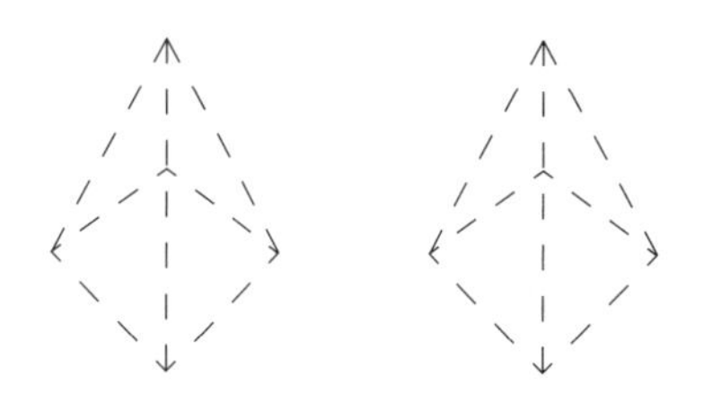

Pyramide à base carrée

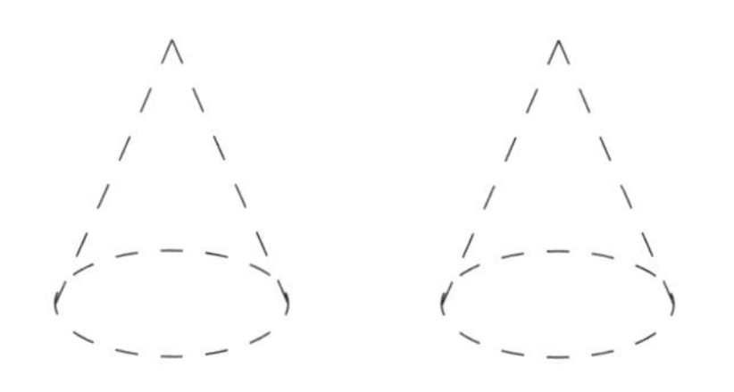

Cône

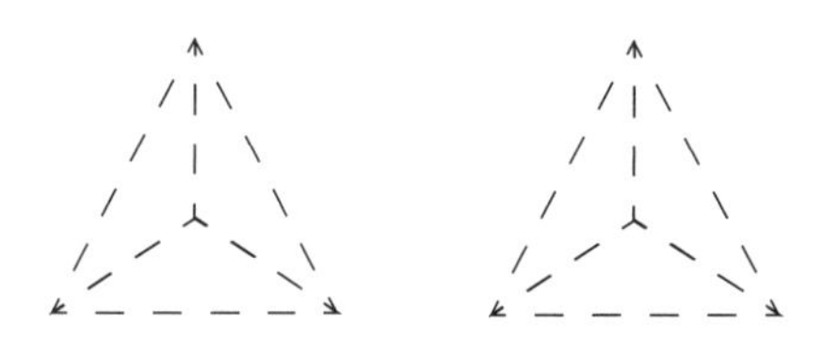

Pyramide à base triangulaire

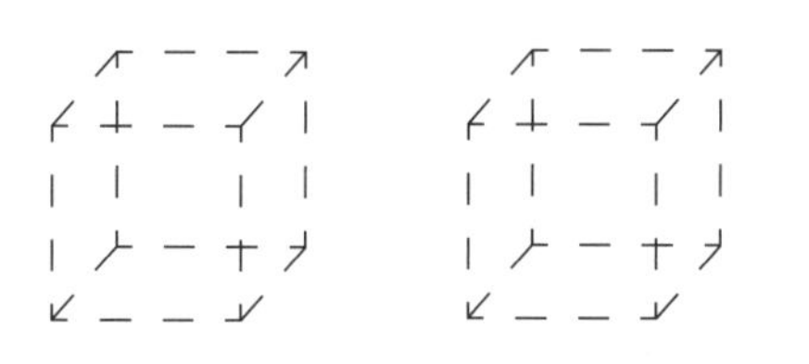

Cube

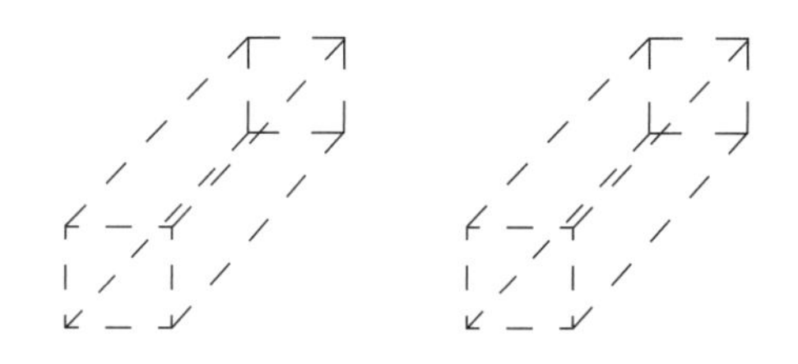

Prisme à base carrée

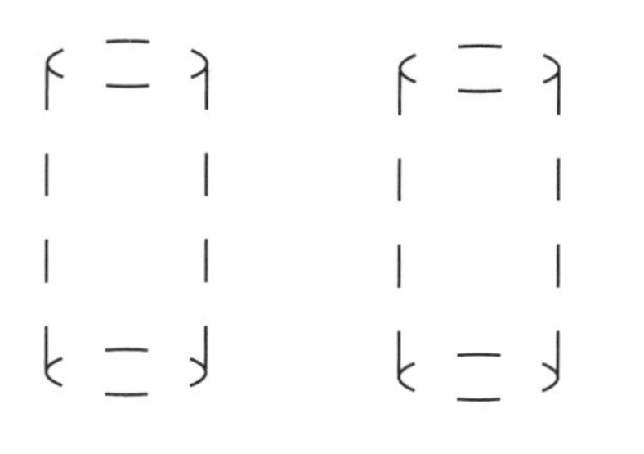

Cylindre

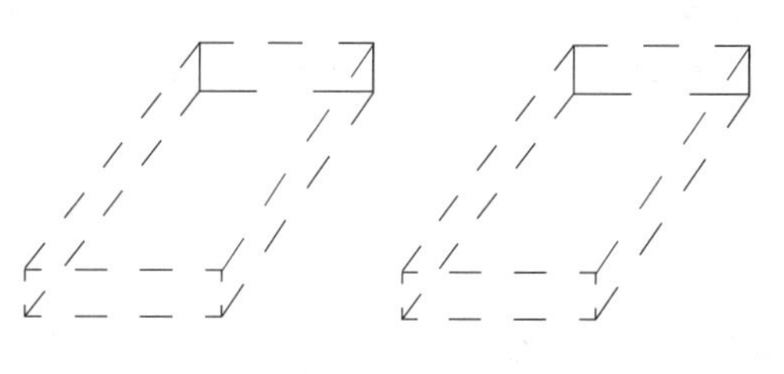

Prisme à base rectangulaire

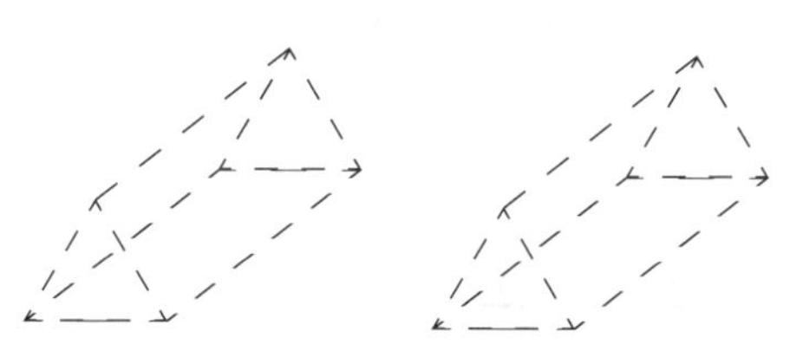

Prisme à base triangulaire

5. Écris combien de faces ont chacun des solides suivants.

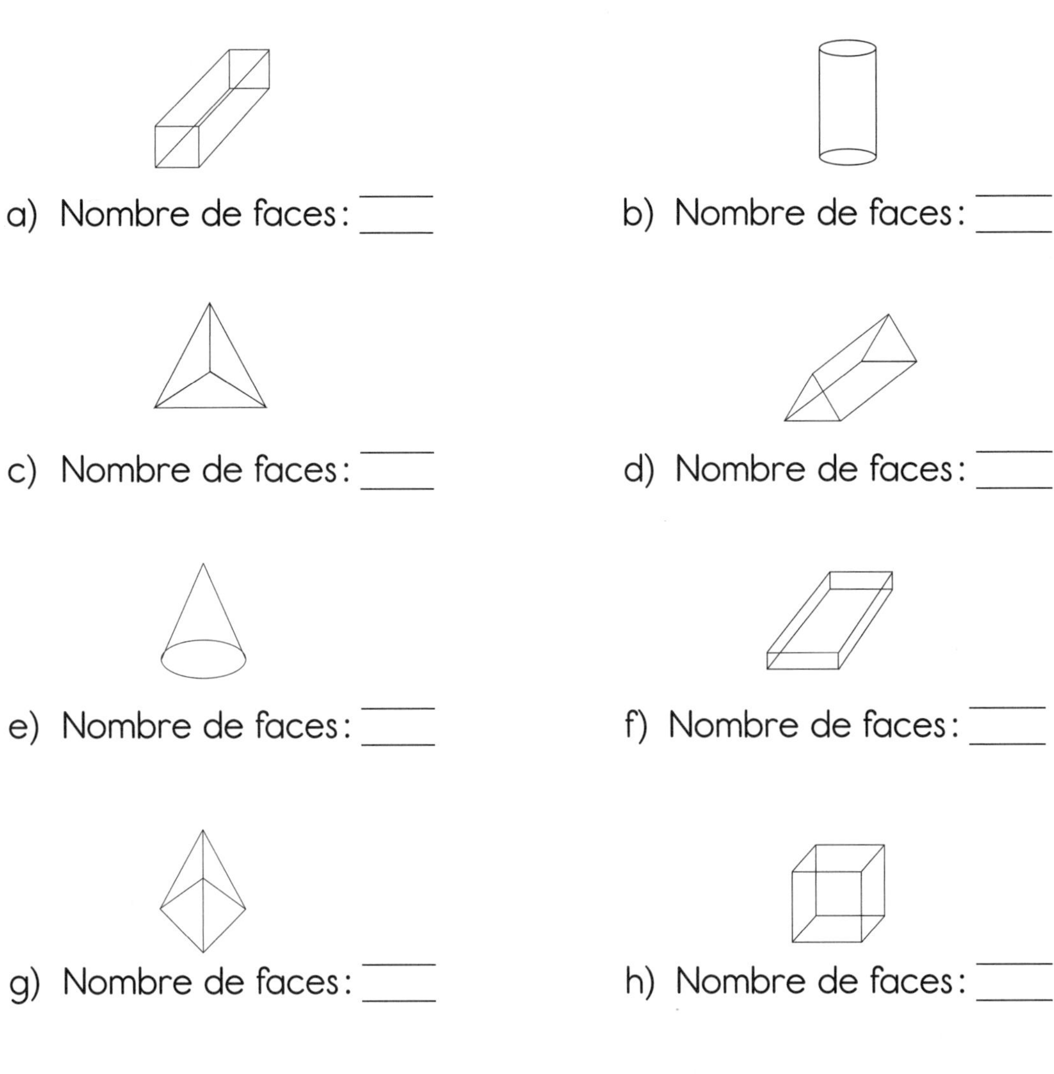

a) Nombre de faces: ____

b) Nombre de faces: ____

c) Nombre de faces: ____

d) Nombre de faces: ____

e) Nombre de faces: ____

f) Nombre de faces: ____

g) Nombre de faces: ____

h) Nombre de faces: ____

6. Écris le numéro des solides qui roulent dans la case correspondante.
Écris les numéros de ceux qui ne roulent pas dans l'autre case.

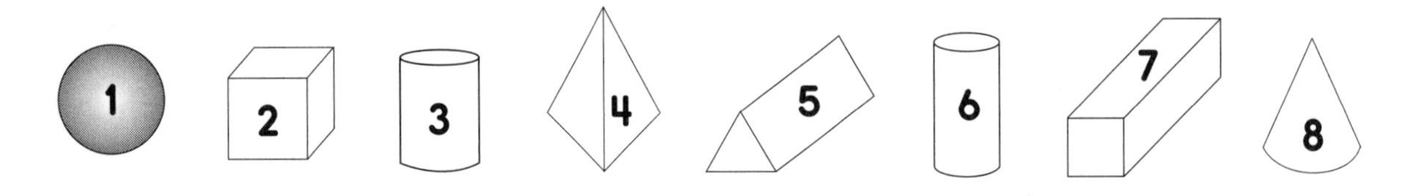

Roulent	Ne roulent pas

7. Tu dois ranger les solides dans la boîte. Relie les solides à la bonne ouverture sur la boîte.

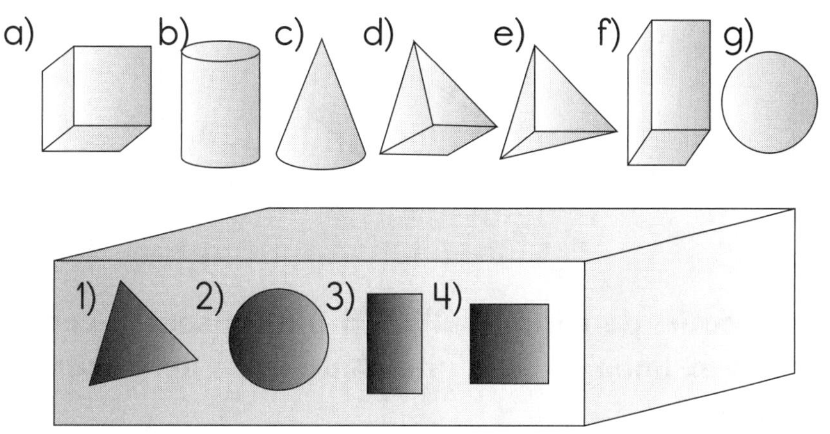

8. Écris le nom des solides qui ont servi à dessiner les objets suivants.

a) cornet ______________________

b) haltères ______________________

c) pont ______________________

d) maison ______________________

e) coffre ______________________

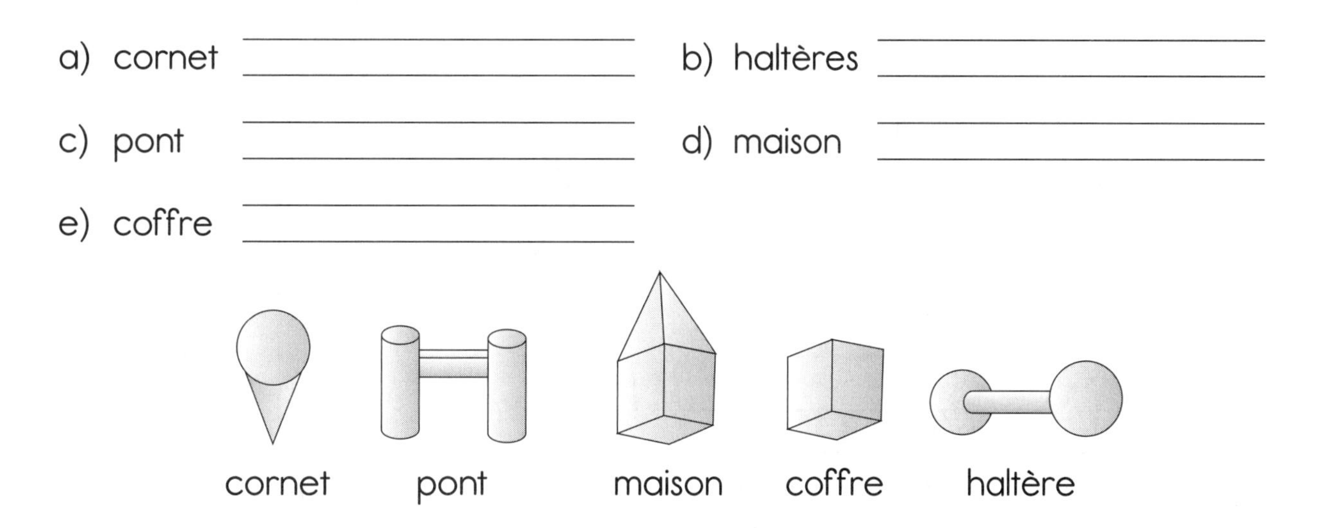

9. Écris le numéro des solides dans le bon ensemble.

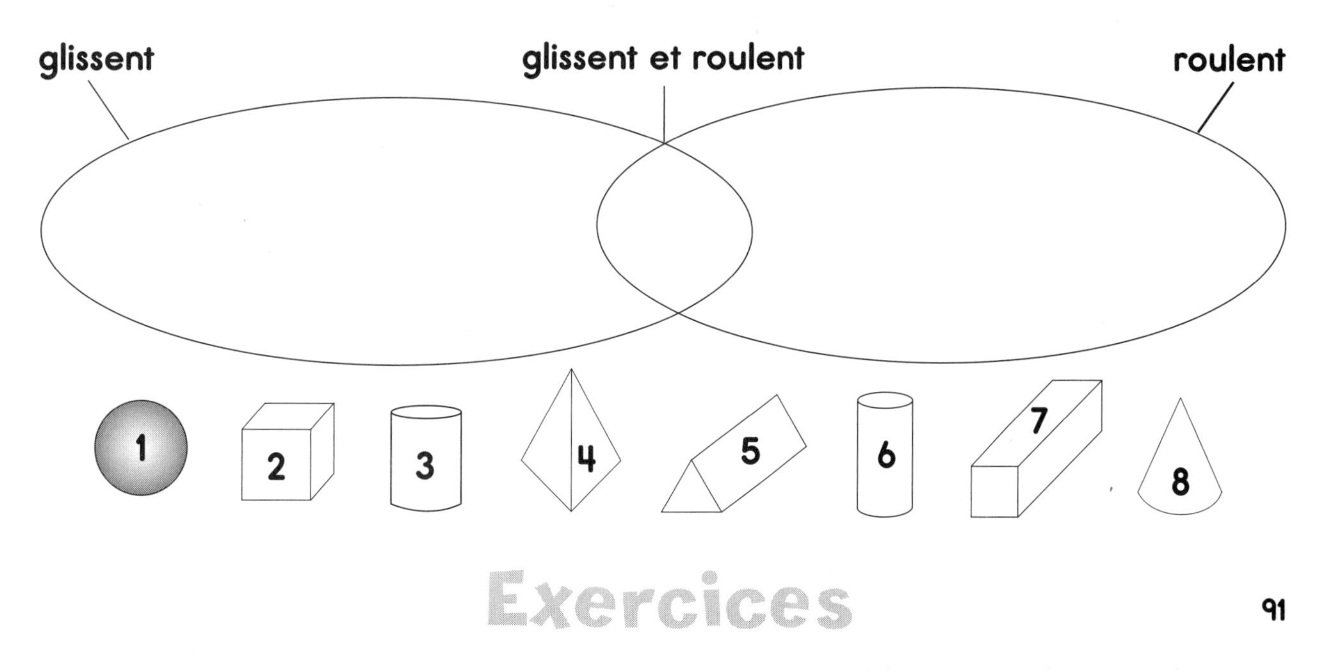

10. Colorie les solides qui ont une face courbe.

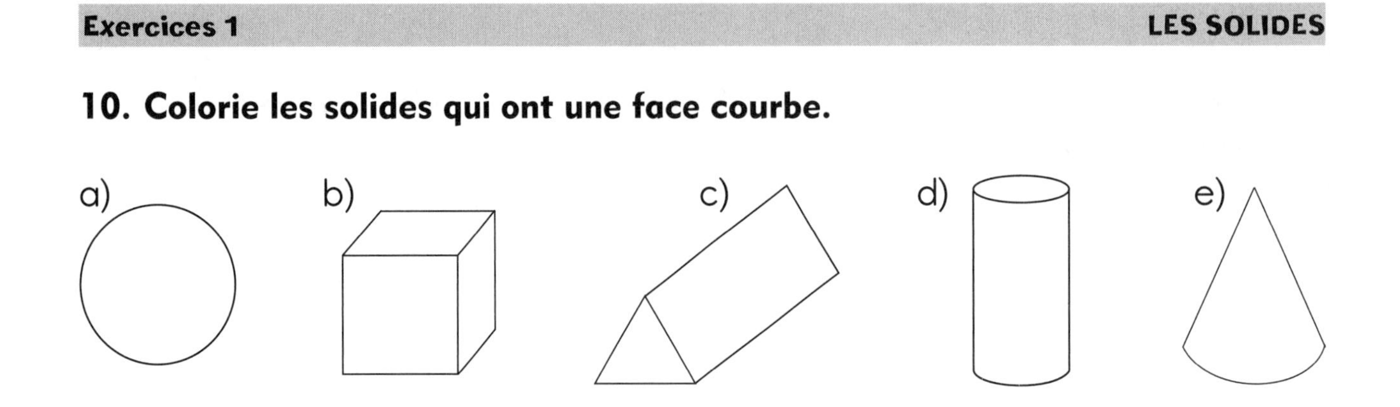

11. Arthur suit des cours de conduite. Il doit passer seulement par les cônes pour réussir son examen de conduite. Aide-le en lui traçant le chemin qu'il doit prendre.

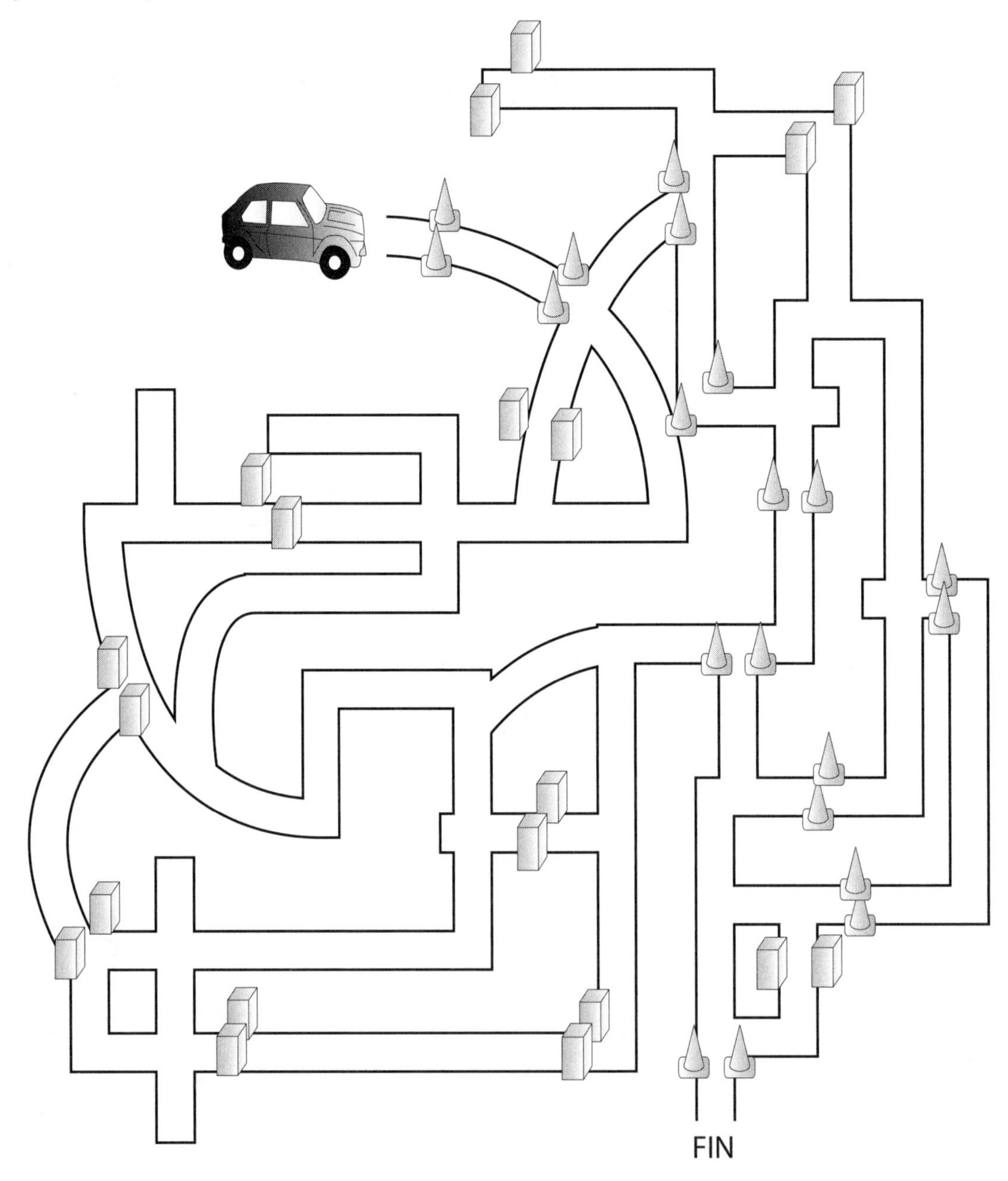

1. Écris le nom de chaque solide. Biffe-les de la liste au fur et à mesure que tu les trouves.

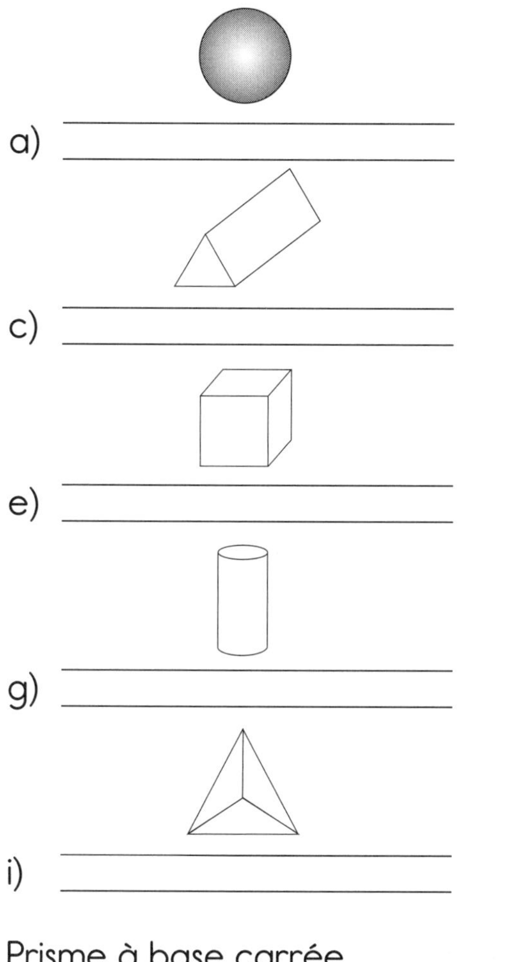

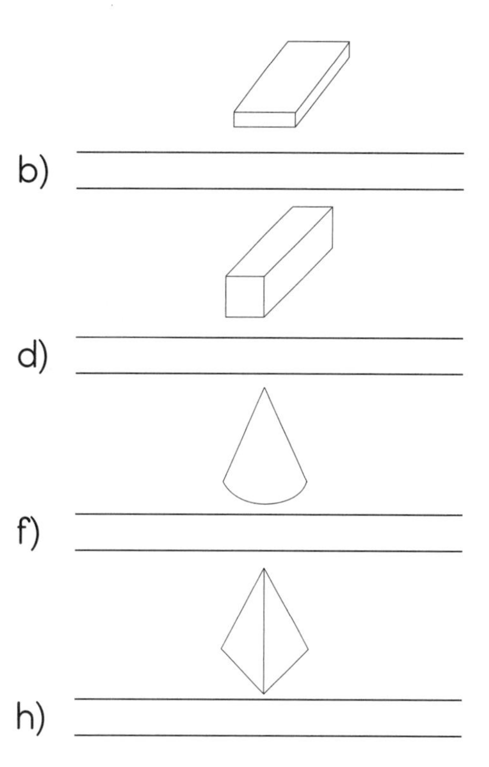

a) ____________

b) ____________

c) ____________

d) ____________

e) ____________

f) ____________

g) ____________

h) ____________

i) ____________

Prisme à base carrée	Cube	Prisme à base rectangulaire
Pyramide à base carrée	Cylindre	Prisme à base triangulaire
Pyramide à base triangulaire	Cône	Boule ou sphère

2. Relie les solides aux figures planes qui ont servi à les construire.

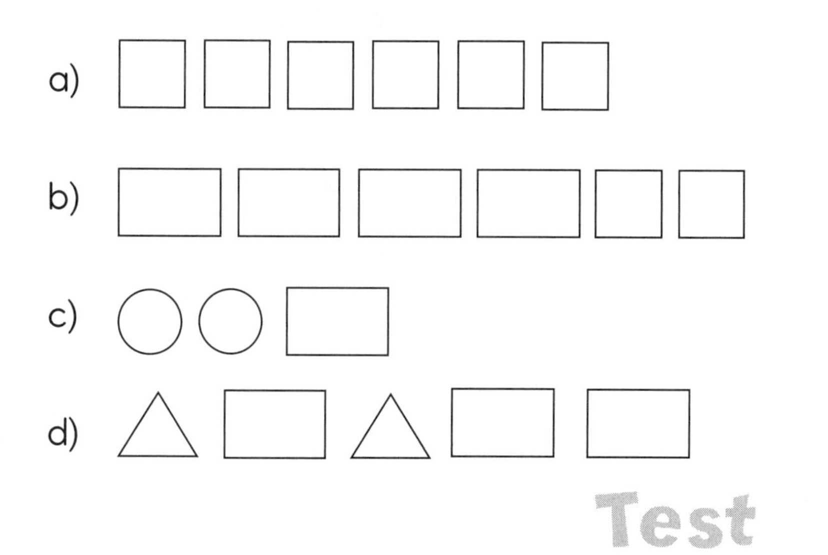

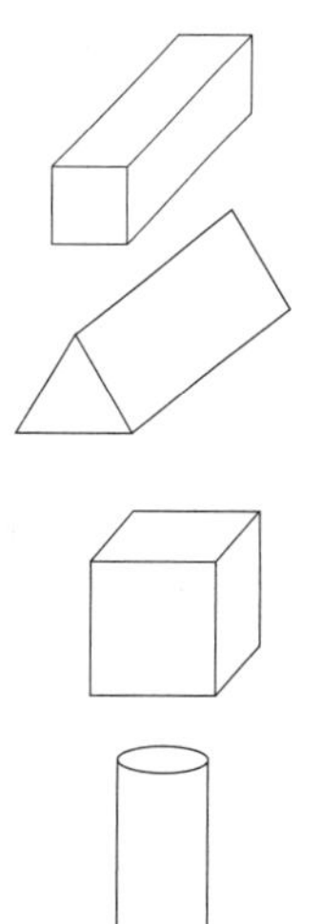

1. Compte combien des formes suivantes ont été utilisées pour construire ce pantin.

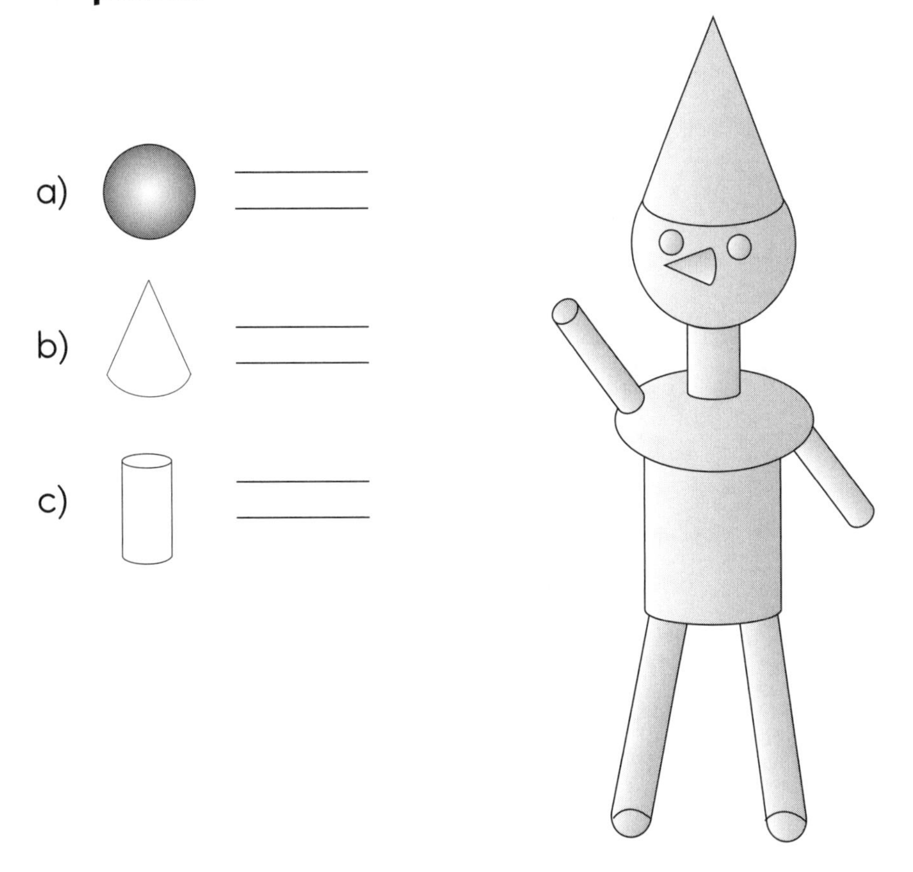

2. Reproduis dans la case de droite le solide de la case de gauche.

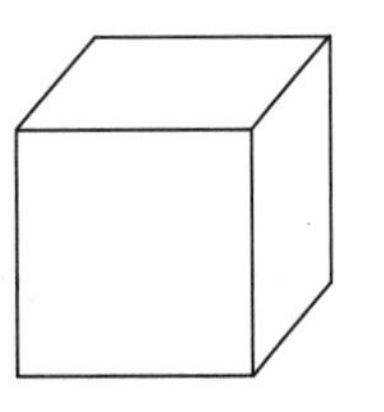

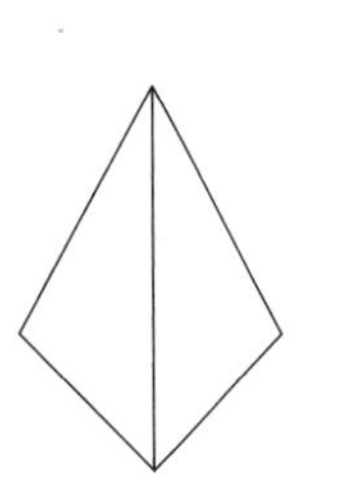

3. Trace les lignes manquantes pour compléter les solides.

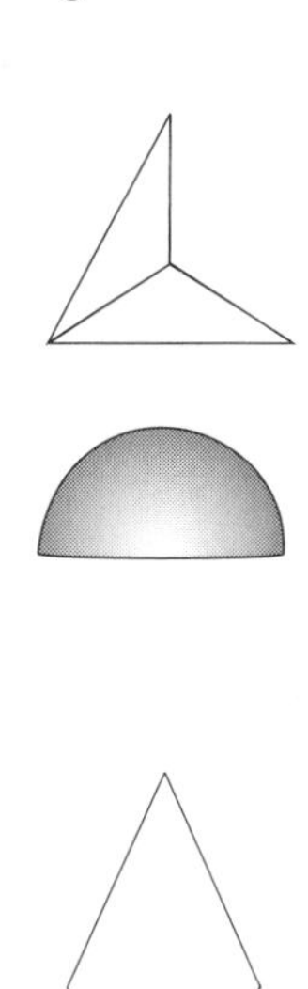

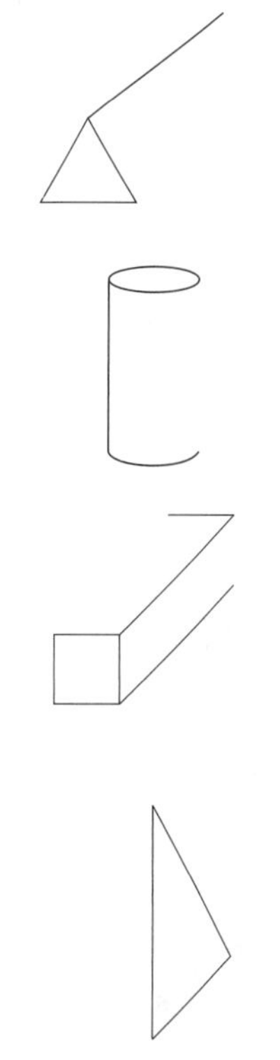

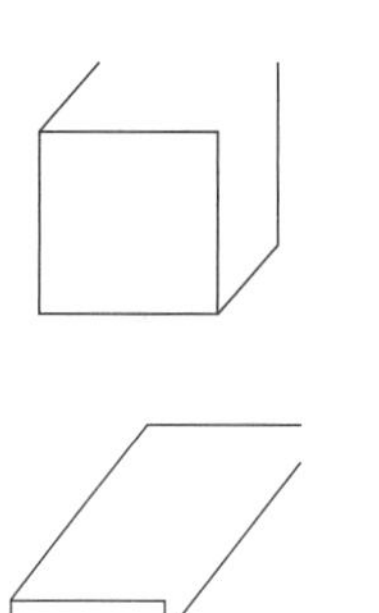

4. Trouve les mots cachés.

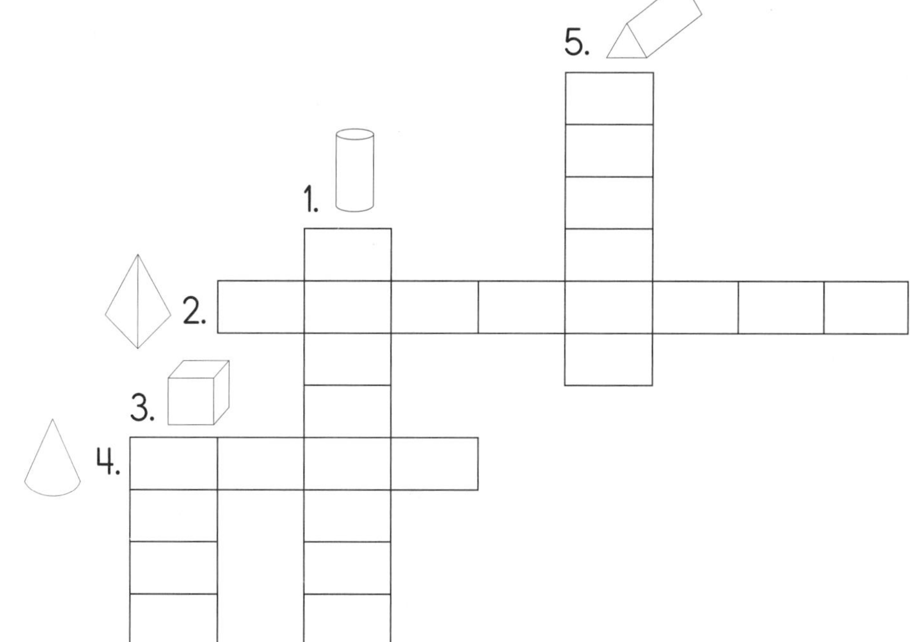

5. Observe ces objets de la vie courante. Écris sous chacun à quel solide il te fait penser. Pour t'aider, nous avons repris les solides avec leur nom.

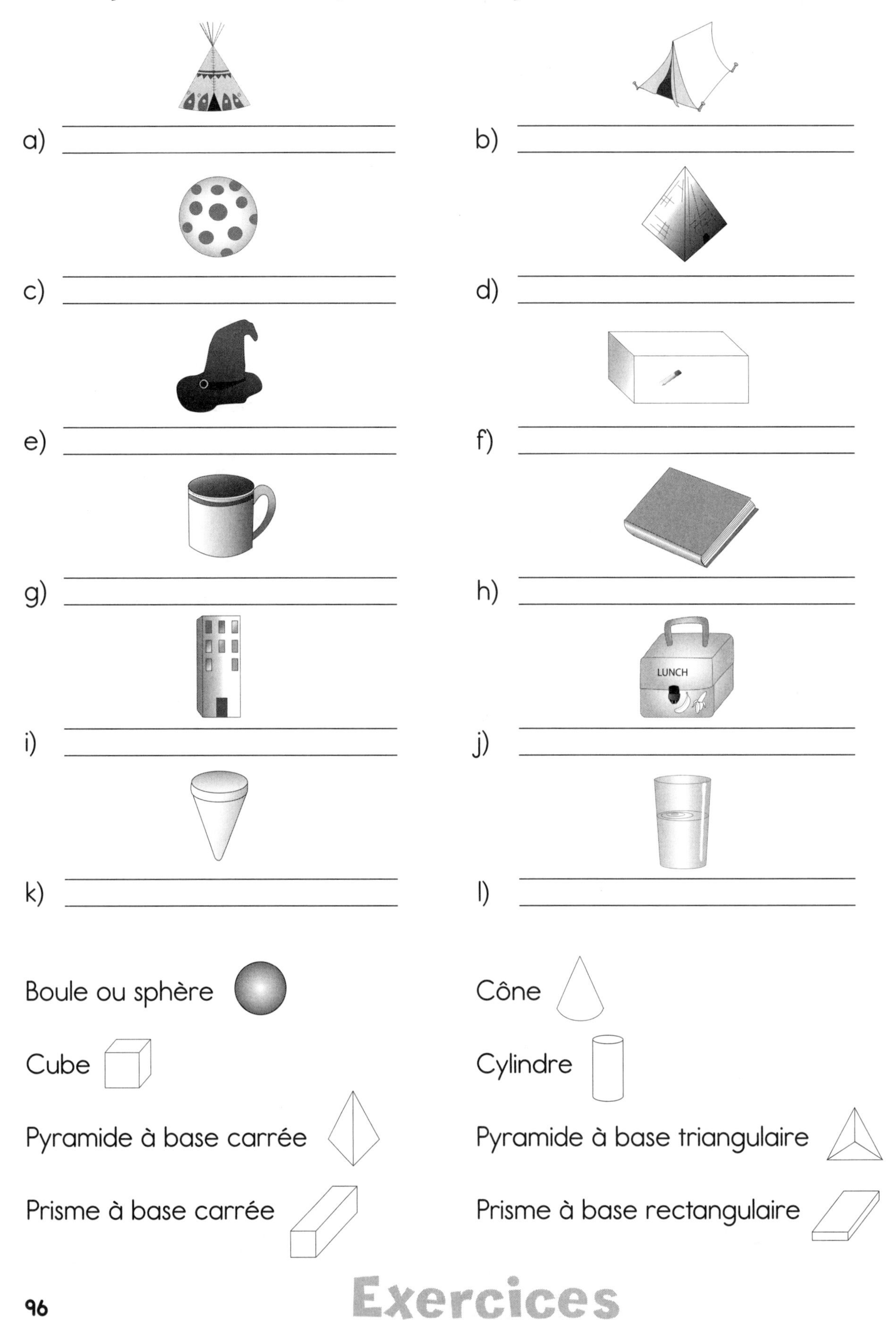

a) ______________________

b) ______________________

c) ______________________

d) ______________________

e) ______________________

f) ______________________

g) ______________________

h) ______________________

i) ______________________

j) ______________________

k) ______________________

l) ______________________

Boule ou sphère

Cône

Cube

Cylindre

Pyramide à base carrée

Pyramide à base triangulaire

Prisme à base carrée

Prisme à base rectangulaire

1. Complète la frise suivante.

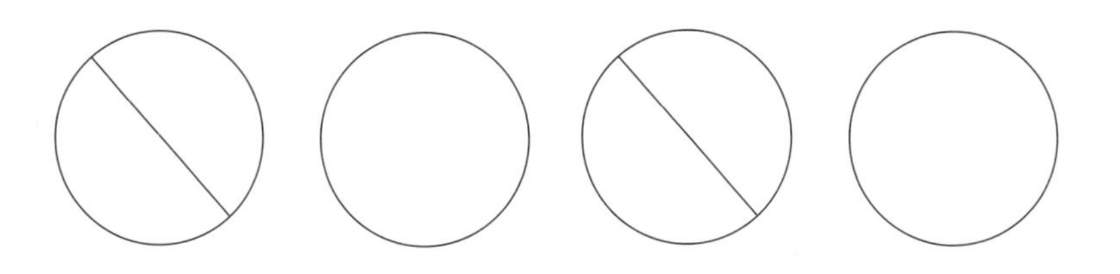

2. Complète la suite suivante.

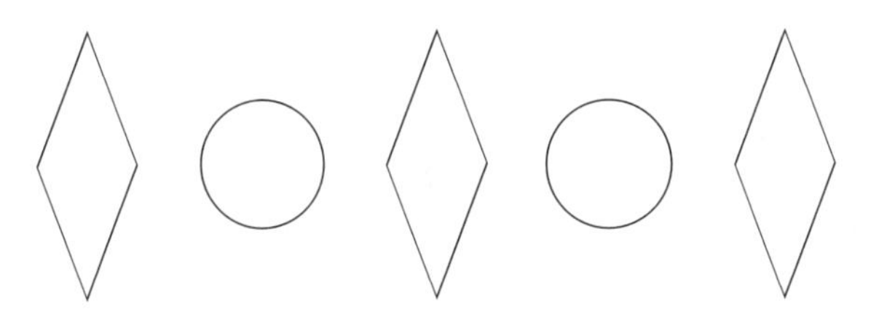

3. Fais un x sur les illustrations symétriques.

a) 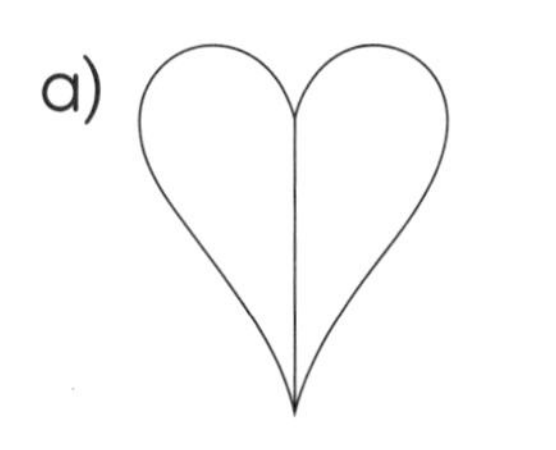

b) 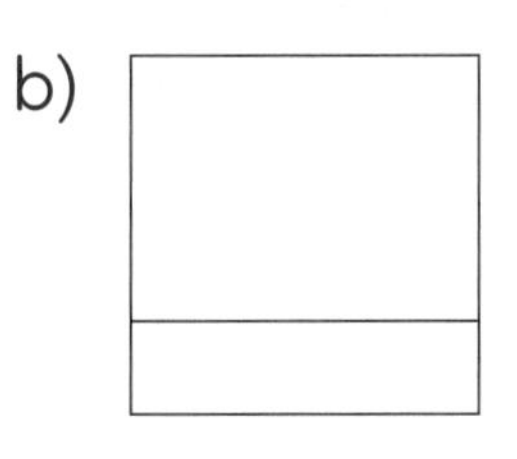

c) 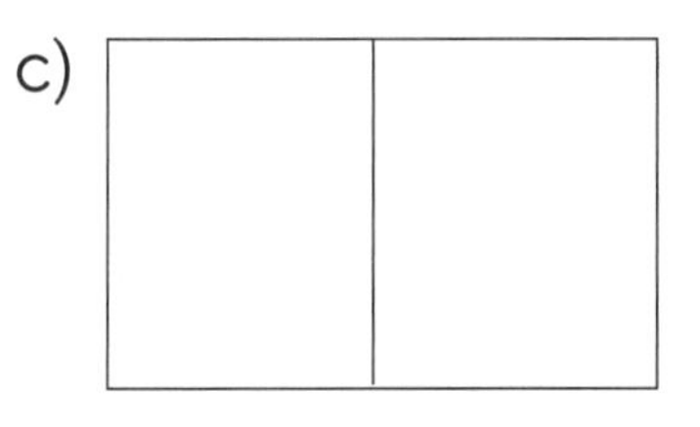

4. Complète l'illustration.

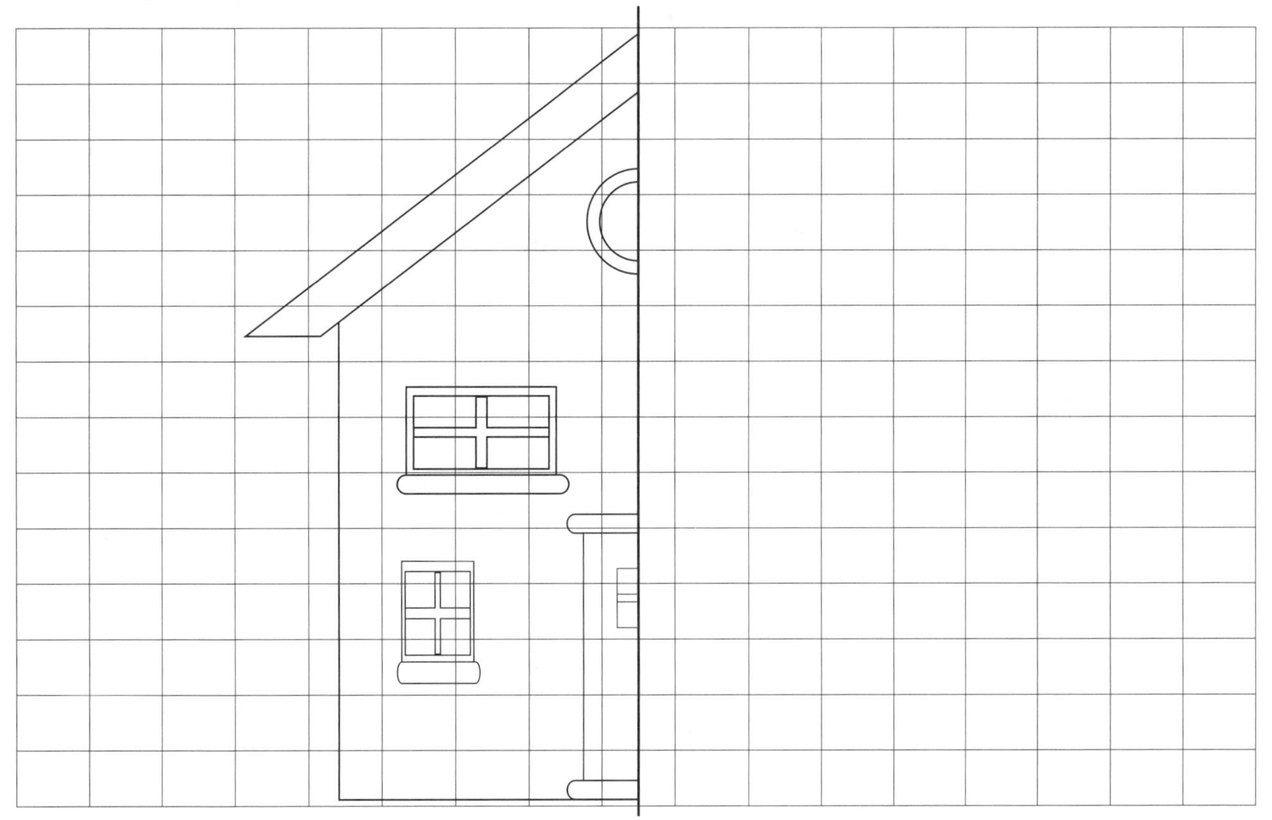

1. Encercle l'image qui continue la frise.

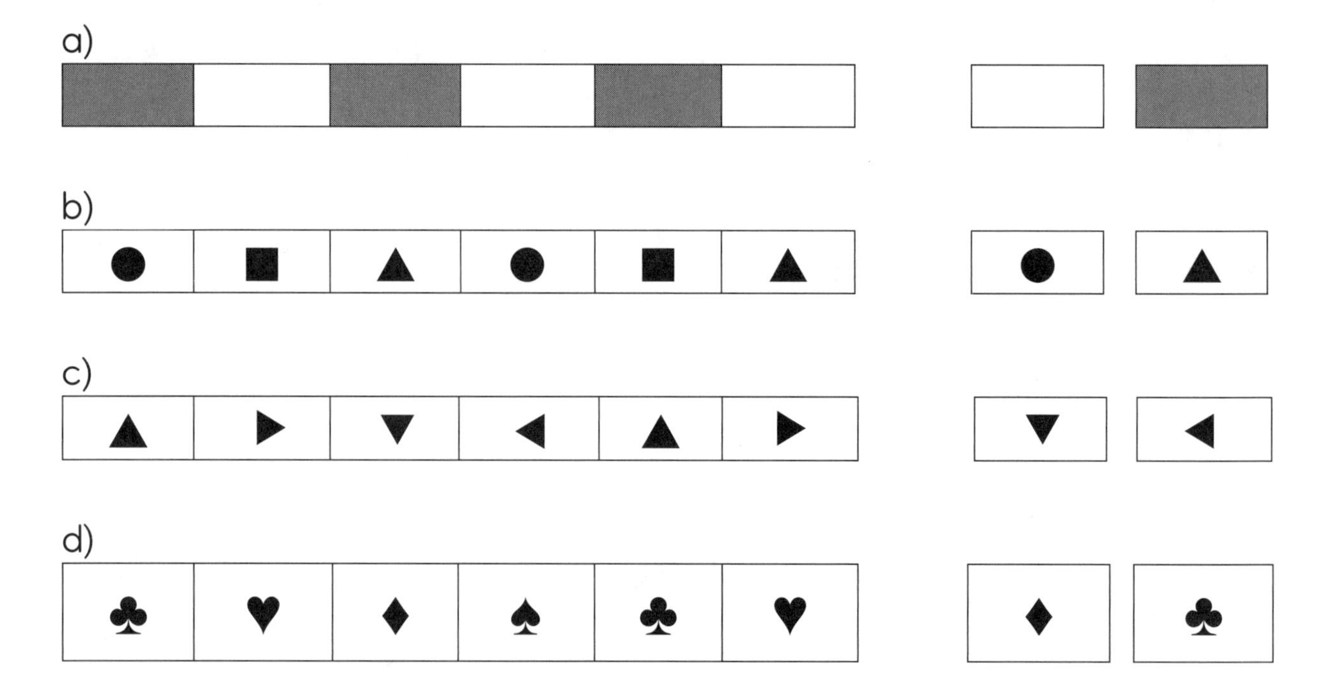

2. Complète les frises.

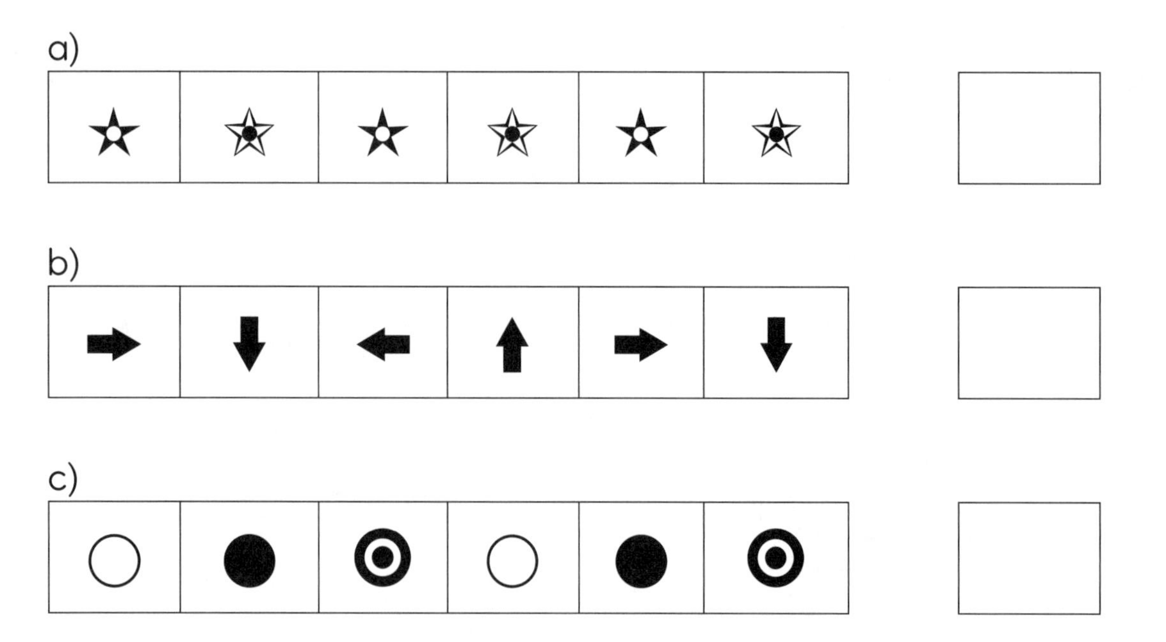

3. Complète les suites.

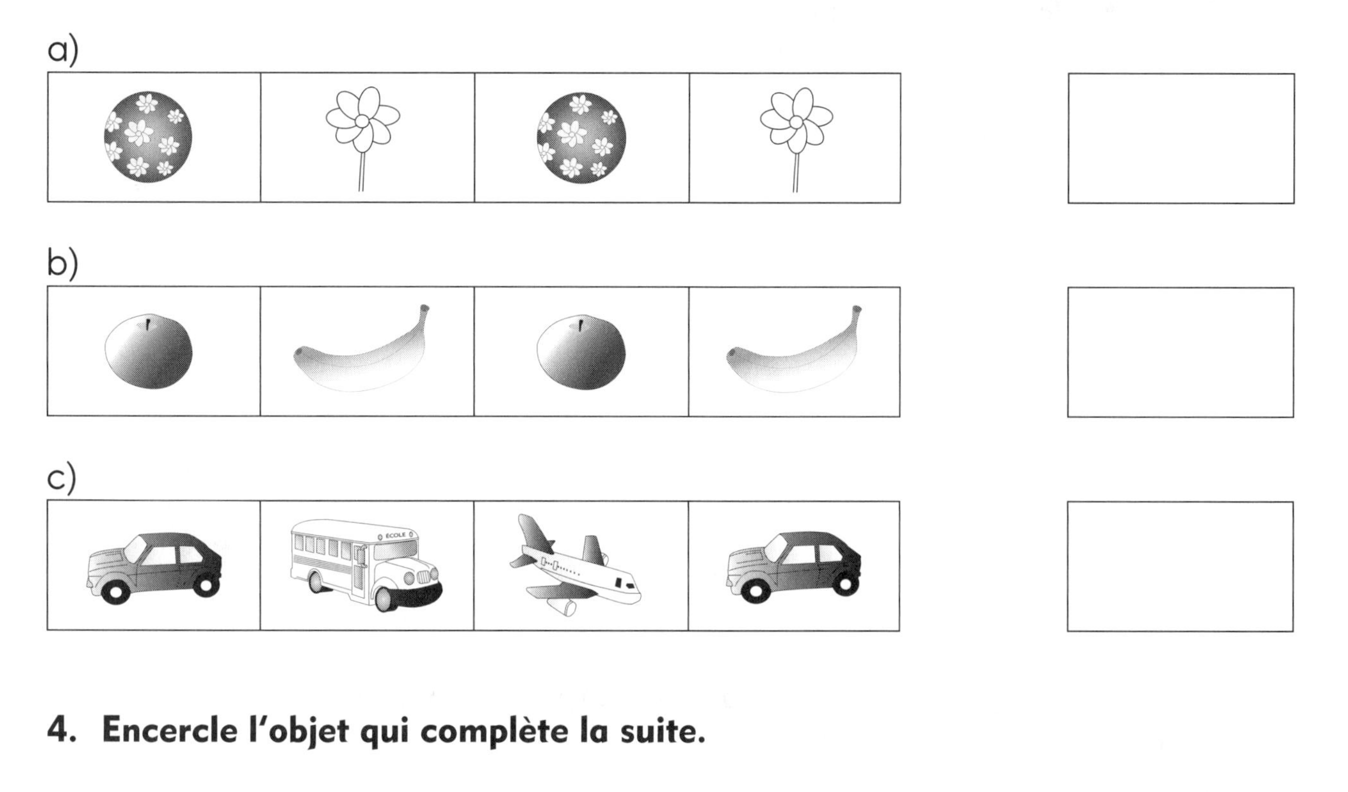

4. Encercle l'objet qui complète la suite.

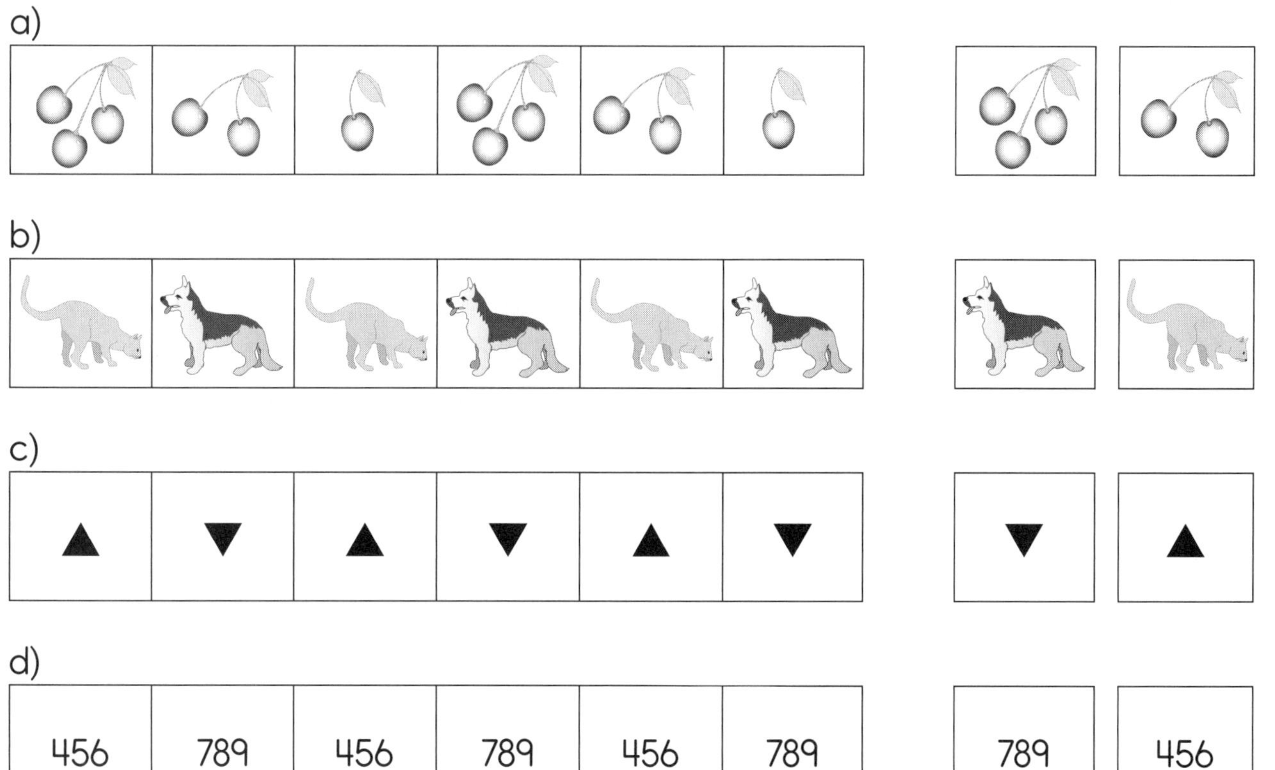

Exercices

5. Fais un x sur les objets qui n'ont pas d'axe de symétrie (ou image miroir) et trace l'axe de symétrie pour les autres.

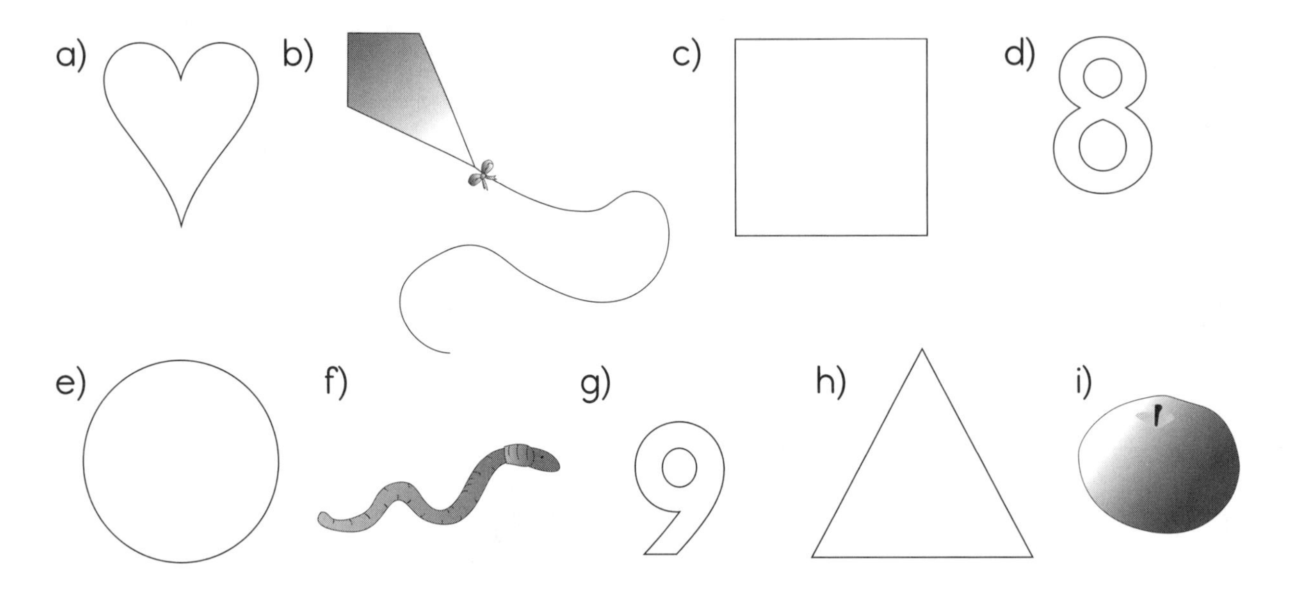

6. Dessine des objets, des figures géométriques, des nombres ou des lettres qui ont un axe de symétrie.

1. Dans chaque case, encercle l'objet le plus petit dans la réalité.

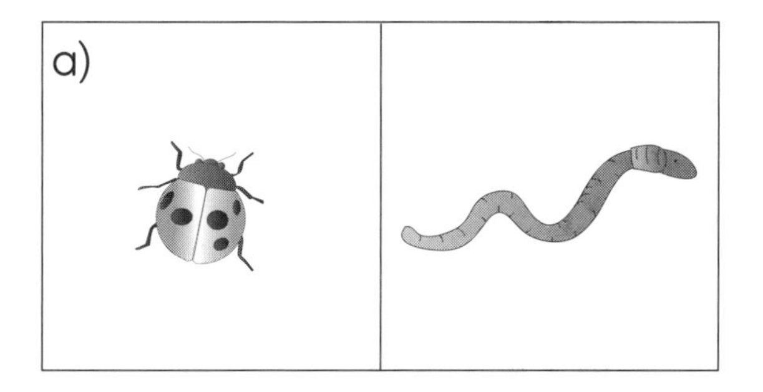

2. Dessine le même objet, mais en plus grand.

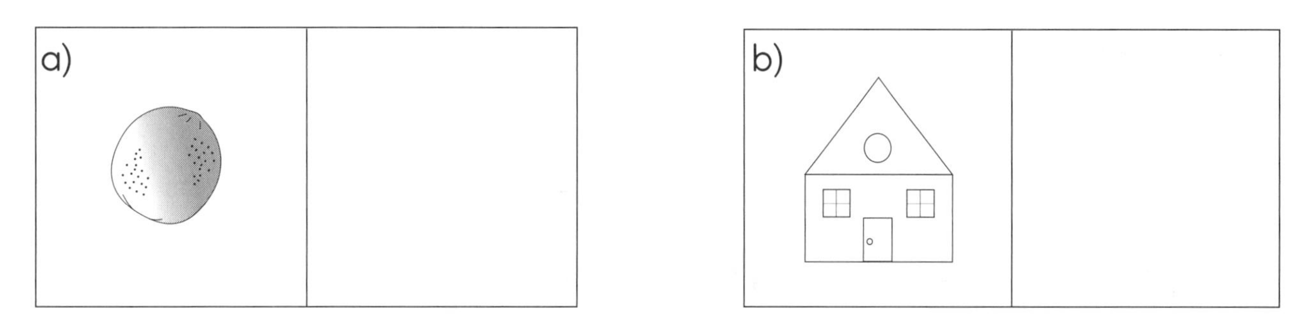

3. Dans la réalité, lequel de ces objets est le plus grand ?

4. Estime la longueur réelle des objets suivants. Vérifie ensuite tes estimations en mesurant les objets avec une règle.

Estimation : ________	Estimation : ________	Estimation : ________
Mesure : ________	Mesure : ________	Mesure : ________

1. Selon toi, laquelle des deux lignes est la plus longue?

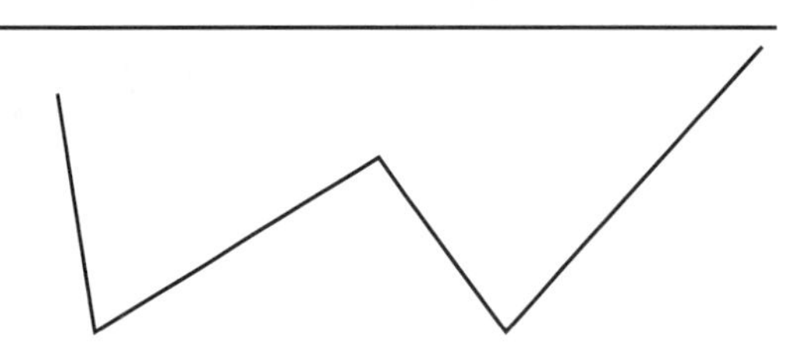

2. Relie les brosses à dents et les tubes de dentifrice qui sont de la même longueur.

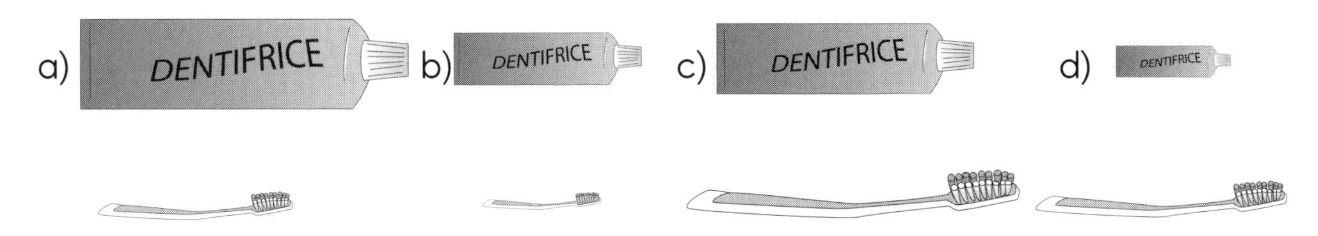

3. Lequel de ces animaux est le plus petit dans la réalité?

4. Colorie en bleu les objets qui mesurent plus de deux mètres dans la réalité.

5. Réponds aux questions.

Combien mesures-tu? ______________________

Combien mesure ta mère? ______________________

Combien mesure ton père? ______________________

Combien mesure ta sœur ou ton frère? ______________________

Quelle est la longueur de ta bicyclette? ______________________

Quelle est la hauteur du frigo? ______________________

6. Fais un x sur les objets suivants qui mesurent 5 cm.

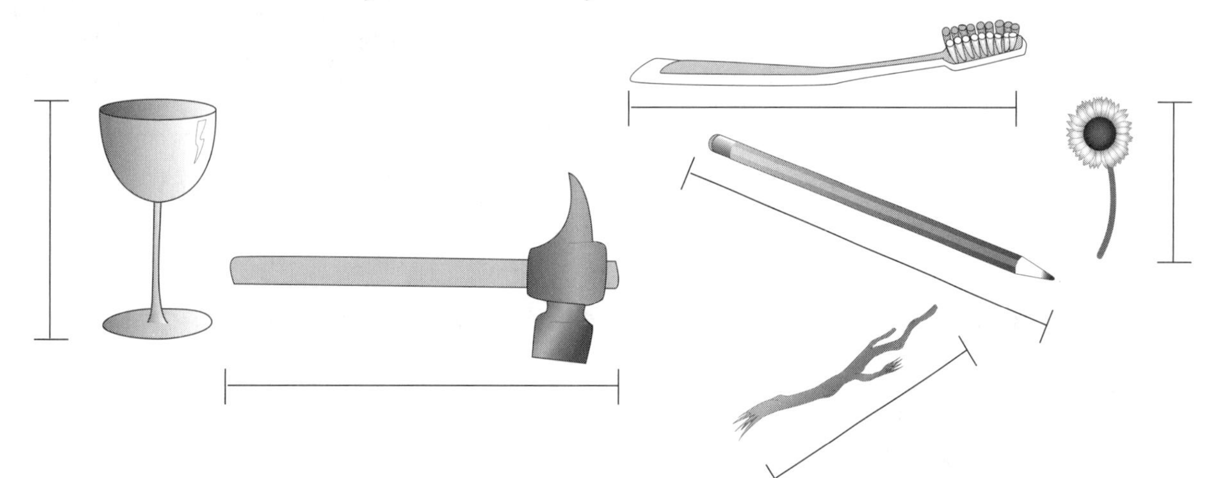

7. Estime le nombre de fleurs. Vérifie ton estimation en comptant les fleurs.

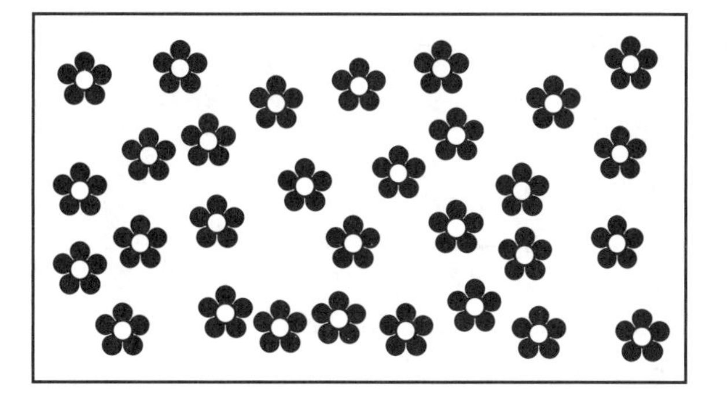

Estimation: __________ Fleurs que tu as comptées: __________

8. Découpe la règle sur la côté de la page. Sers-en-toi en pour mesurer les objets suivants. Chaque carré mesure 1 cm.

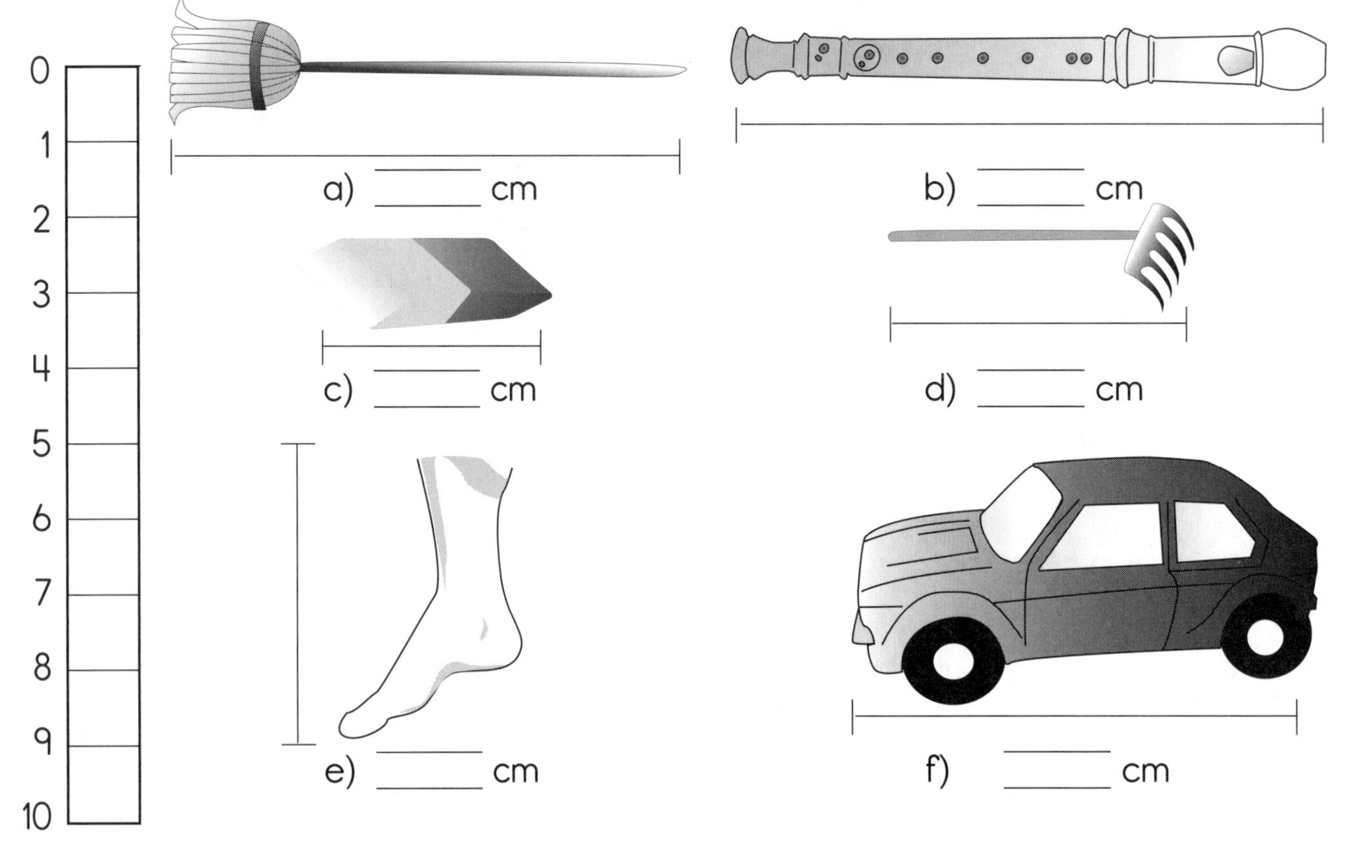

9. Colorie le nombre de cases correspondant à la longueur de chaque objet.

10. Encercle les crayons qui sont plus longs que celui dans le cercle.

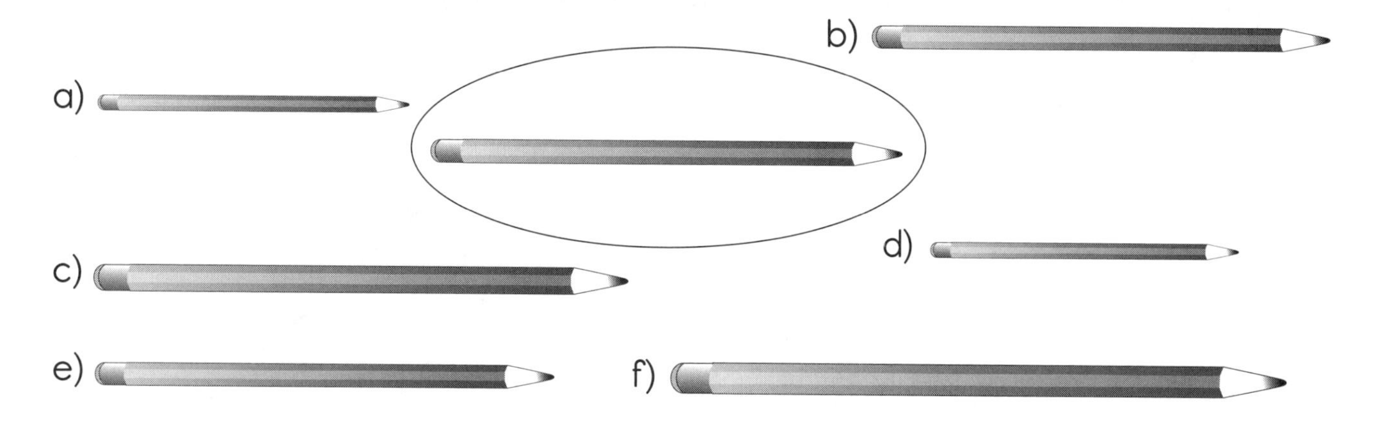

11. Classe les tournevis du plus petit au plus grand. Écris dans l'ordre les lettres correspondantes.

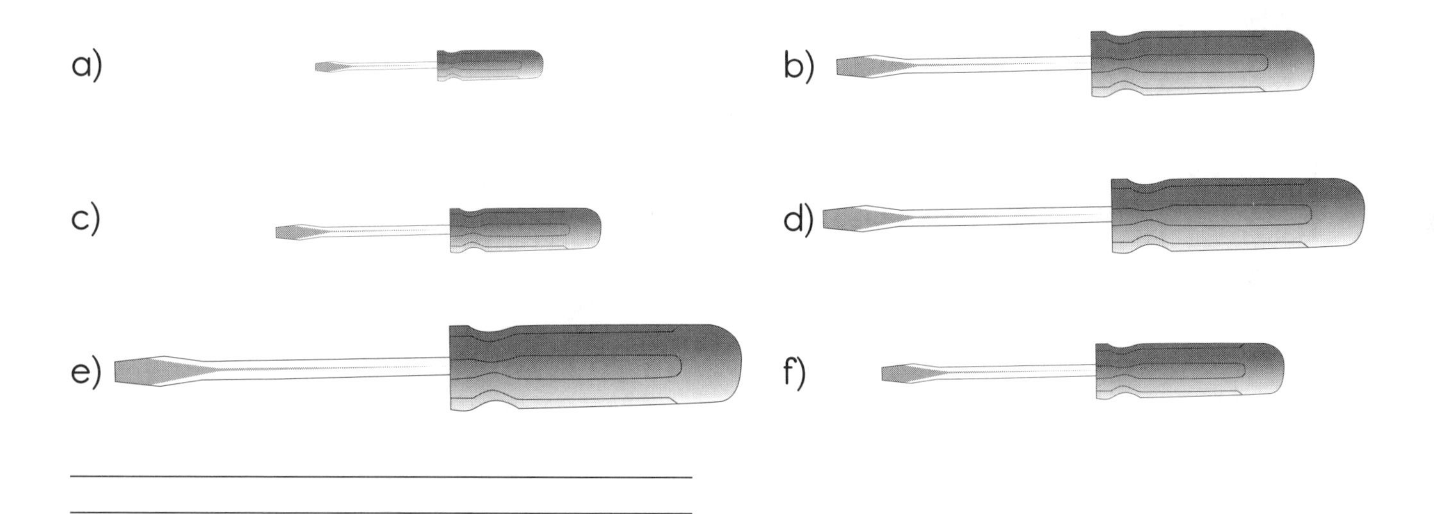

____

____

12. En te servant de tes pieds, mesure le nombre de pas qu'il te faut pour parcourir les distances suivantes.

a) La longueur de ta chambre. ______________________

b) La distance entre le canapé et la télé chez toi. ______________________

c) La largeur du salon chez toi. ______________________

13. Découpe le martien au bas de la page, il te servira pour mesurer la longueur de trajet parcouru par Marie et Antoine.

Marie

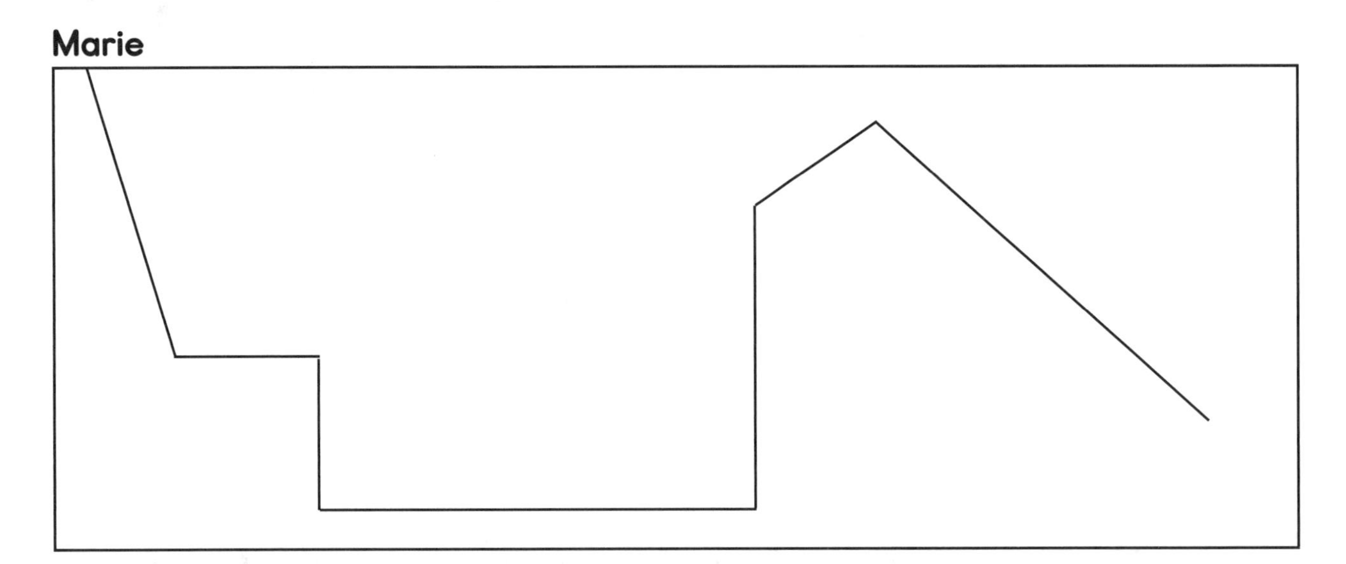

Antoine

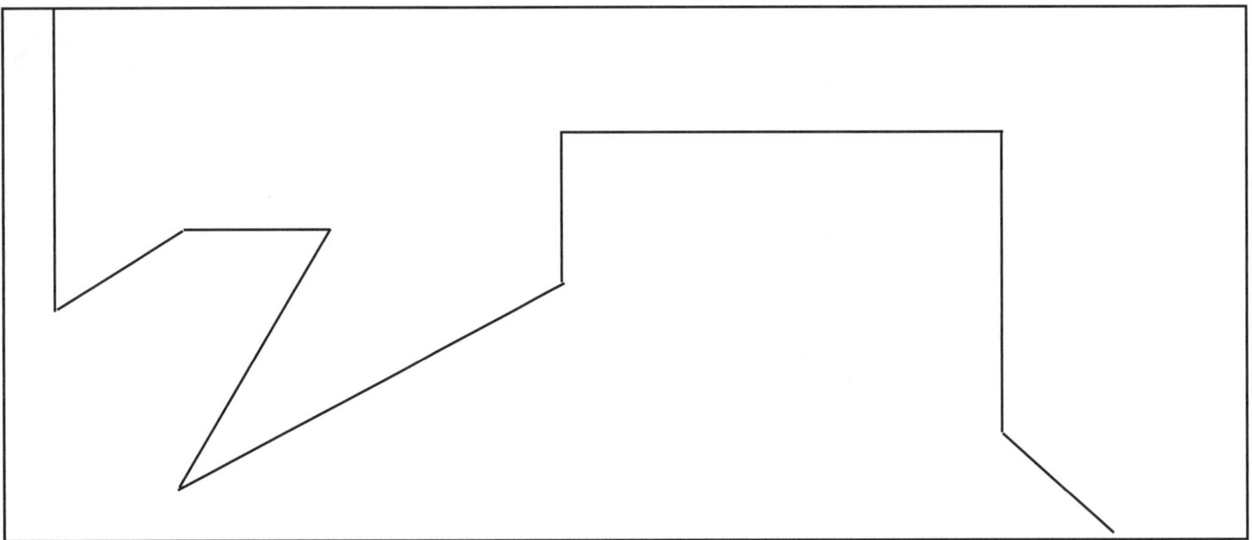

a) Le nombre de Martiens parcouru par Marie : ______

b) Le nombre de Martiens parcouru par Antoine : ______

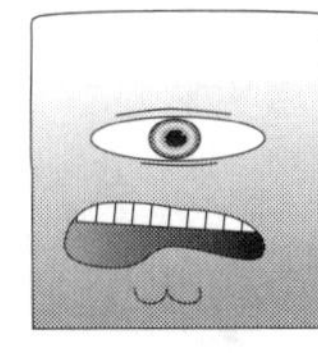

1. Fais un x sur les objets qui mesurent moins de 3 mètres dans la réalité.

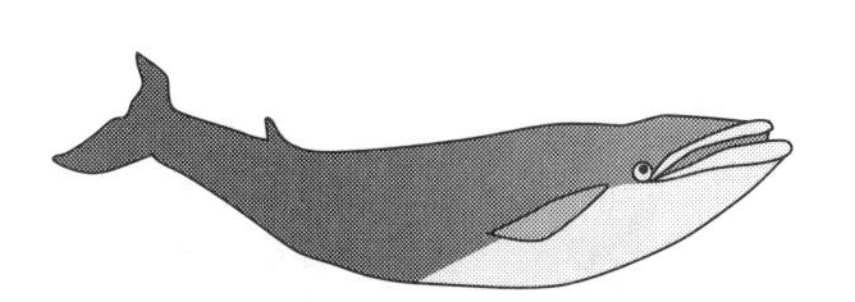

a) Baleine bleue

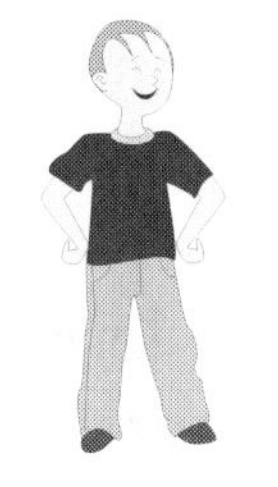

b) Être humain

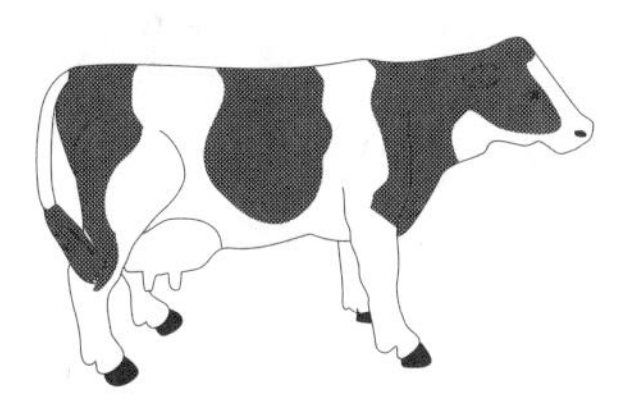

c) Vache

d) Wagon

2. Avec ta règle, mesure les objets suivants.

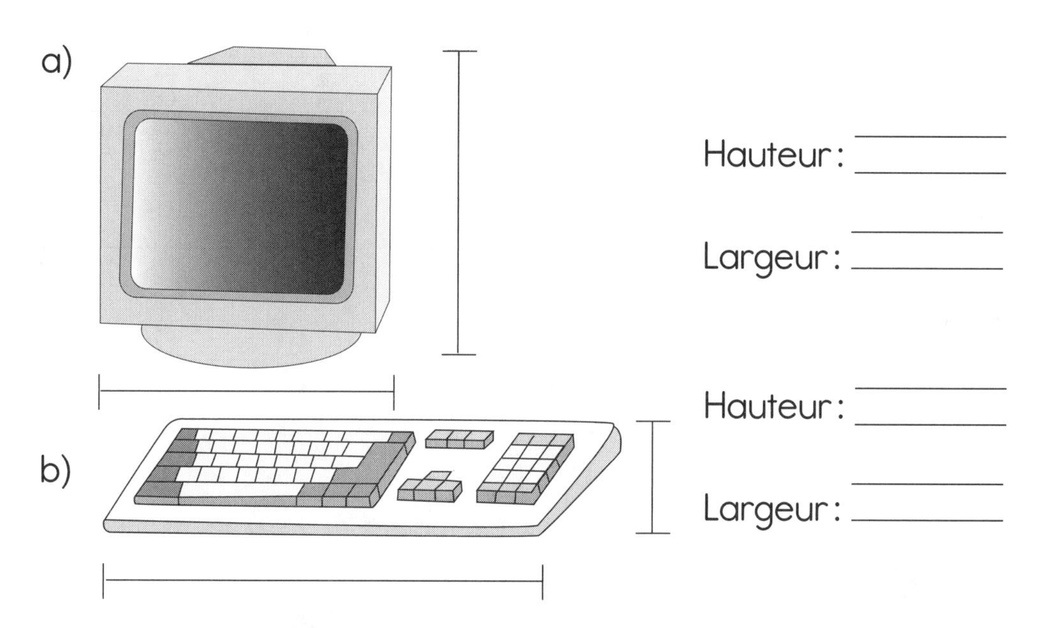

a)

Hauteur : ____________

Largeur : ____________

b)

Hauteur : ____________

Largeur : ____________

3. Trace une ligne de :

a) 3 cm :

b) 10 cm :

c) 7 cm :

1. Encercle la mesure la plus longue.

a) 1 cm b) 1 m c) 11 cm d) 1 dm

2. Reproduis sur une feuille le trombone et le crayon au bas de la page. Utilise ces unités de mesure pour remplir le tableau.

	(trombone)	(crayon)
Longueur de ton pied		
Longueur de ton bras		
Longueur du pied d'un de tes parents		
Longueur du bras d'un de tes parents.		
Longueur de tes doigts		
Distance entre tes deux épaules		

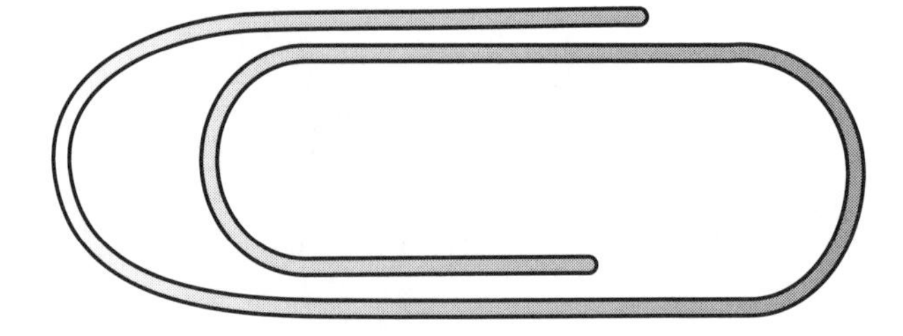

3. Fabrique un cache-pot en suivants les consignes.

Matériel: Cartons de différentes couleurs
Ciseaux droits
Ciseaux dentelés
Colle
Boîte de conserve vide

- Mesure un rectangle de 30 cm x 12 cm et découpe-le avec les ciseaux droits.
- Fais un trait diagonal à tous les 2 cm afin de former de petits triangles. Découpe selon le tracé.

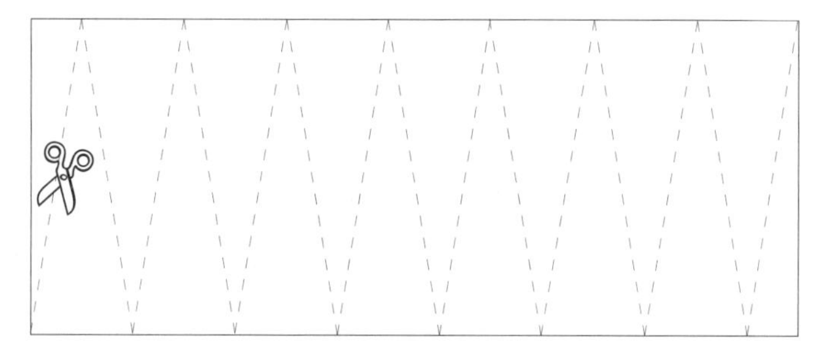

- Découpe une bande de 30 cm de long sur 2 cm de large avec les ciseaux dentelés. Colle cette bande sur le rectangle de 30 cm x 12 cm.

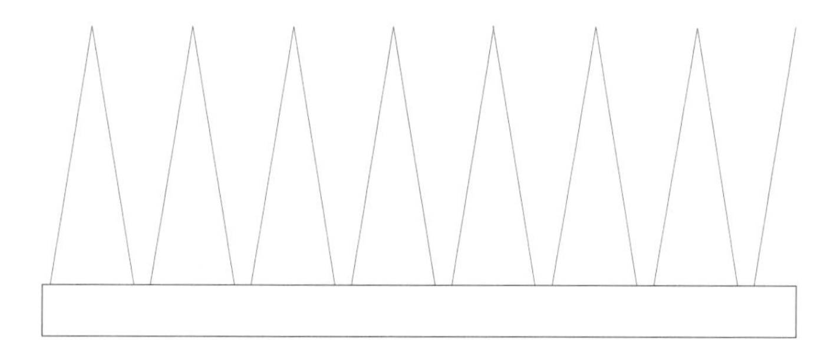

- Découpe et colle des formes de ton choix pour décorer ton cache-pot.

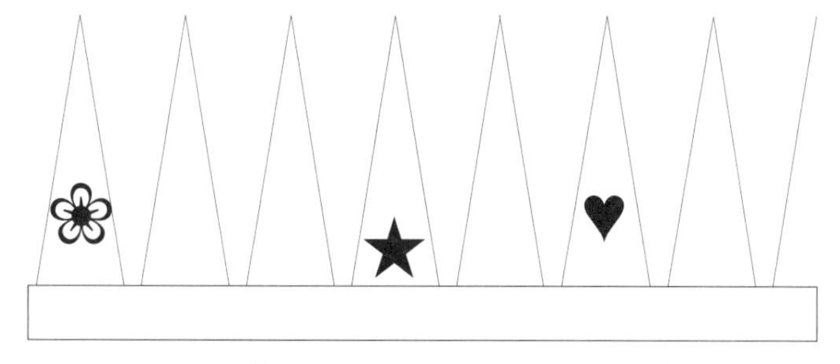

- Enroule le carton et agrafe le haut et le bas pour fermer le cache-pot.
- Insère une boîte de conserve vide dans ton cache-pot.

4. Classe les objets dans le bon ensemble.

a) une carte de jeu
b) une gomme à effacer
c) la télévision
d) la pochette d'un DVD
e) un CD
f) l'évier de la cuisine

moins de 1 dm

plus de 1 dm

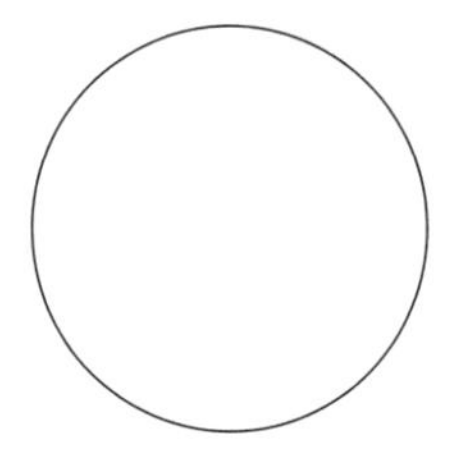

5. Estime et mesure chaque illustration.

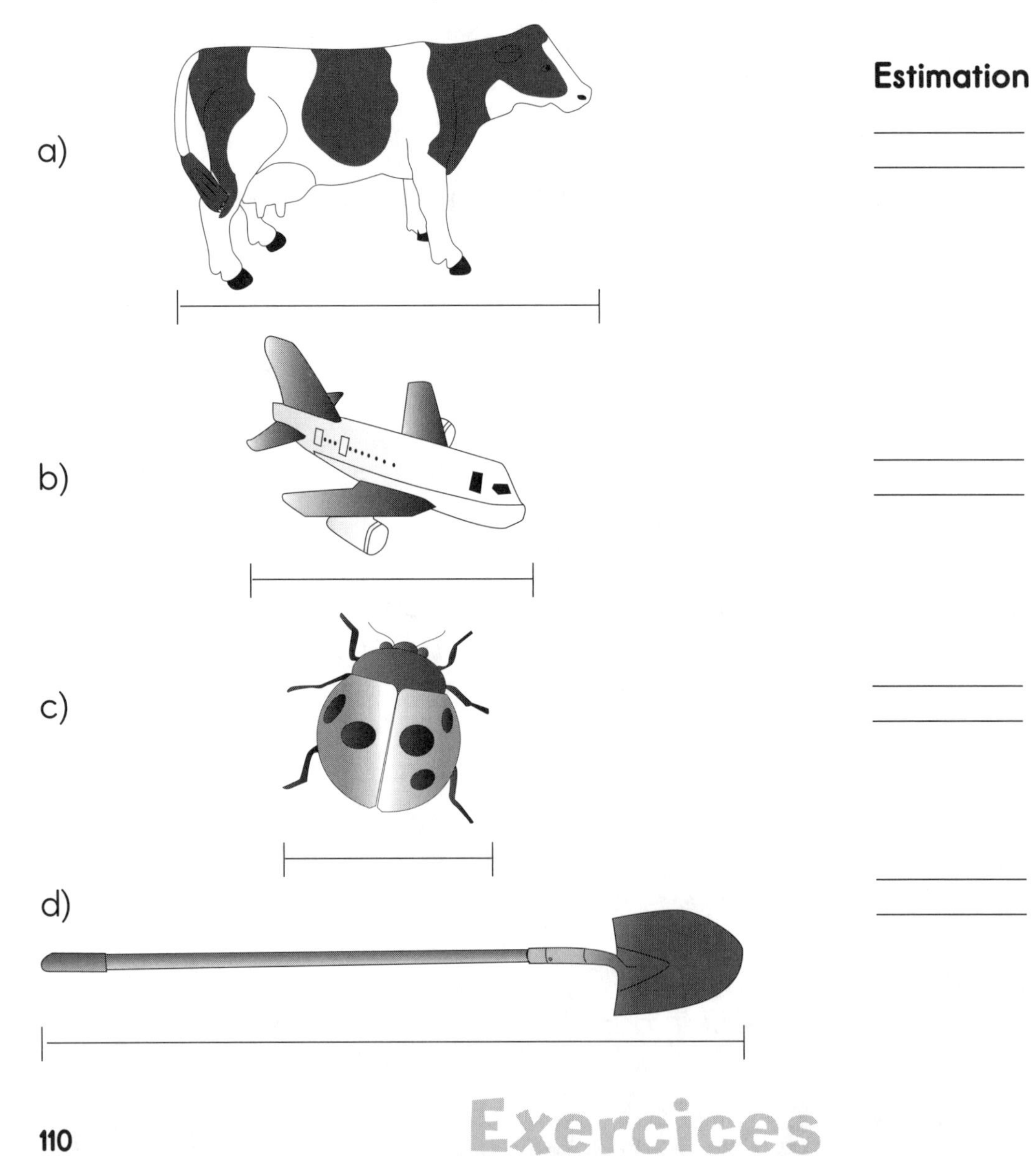

	Estimation	Mesure
a)	______	______
b)	______	______
c)	______	______
d)	______	______

1. Écris l'heure sous chaque horloge.

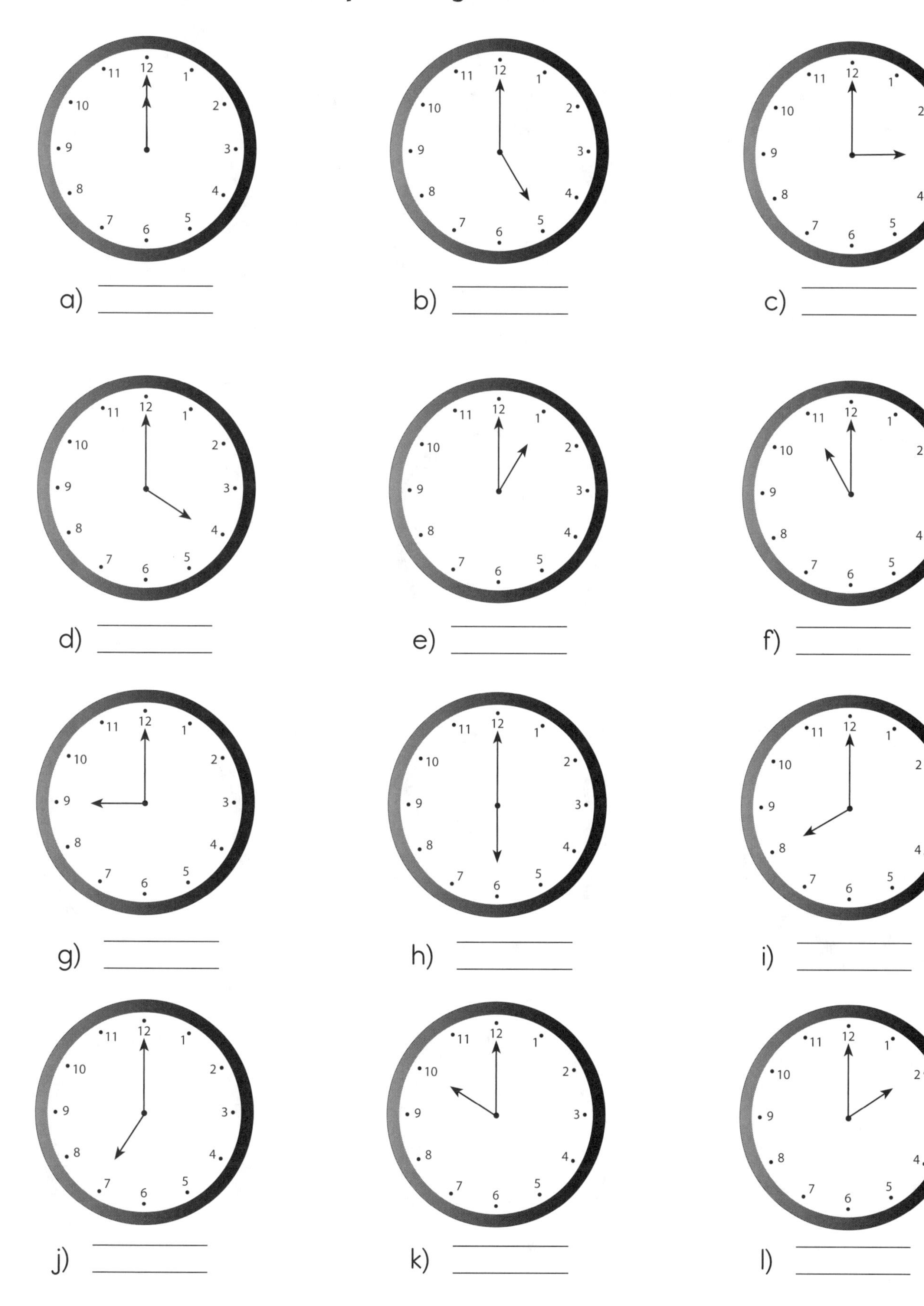

1. Écris l'heure sous chaque horloge. Attention, tu dois choisir parmi les heures suivantes.

12 : 00 15 : 00 18 : 00 21 : 00 13 : 00 16 : 00
19 : 00 22 : 00 14 : 00 17 : 00 20 : 00 23 : 00

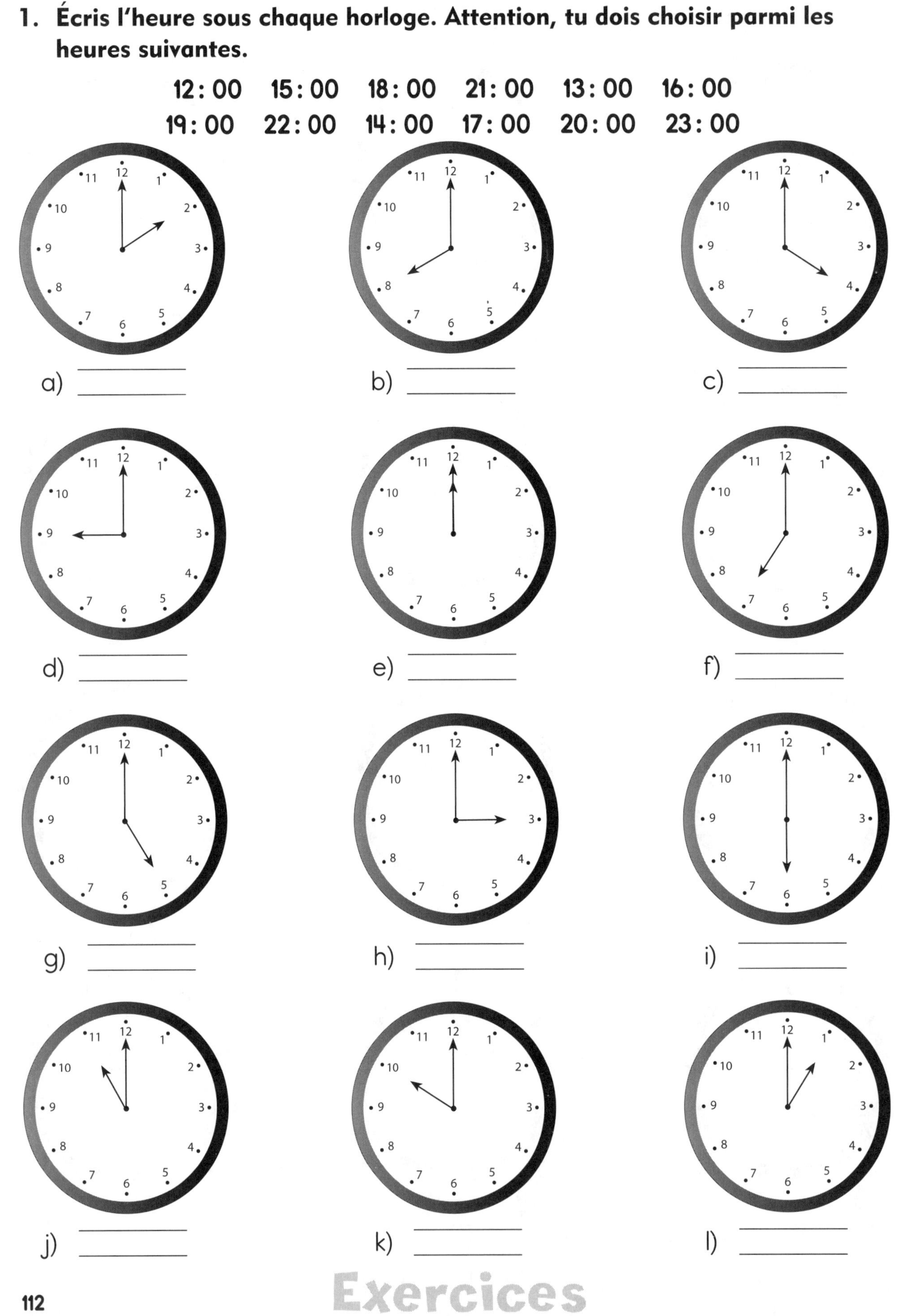

2. Relie l'illustration à l'heure correspondante.

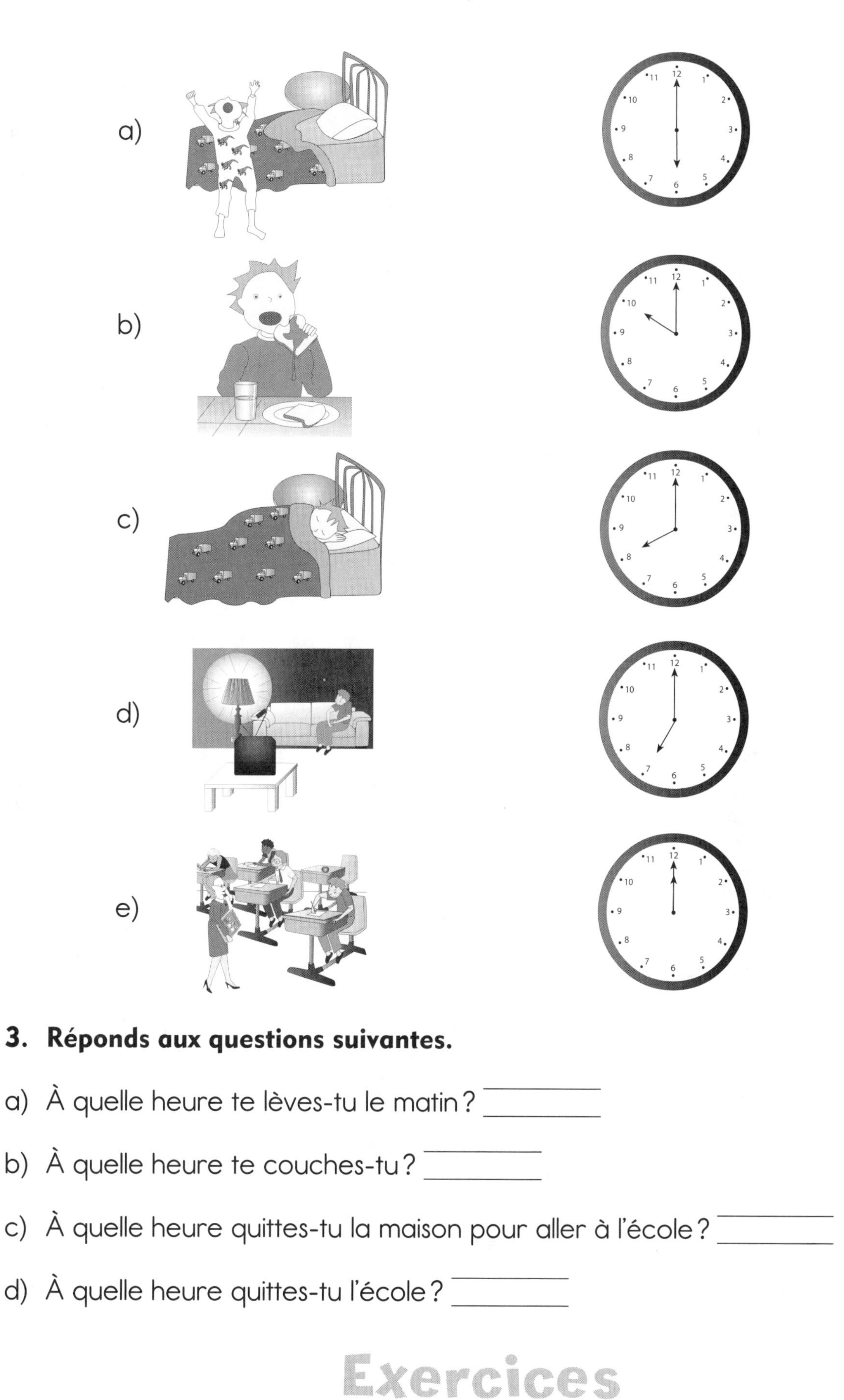

3. Réponds aux questions suivantes.

a) À quelle heure te lèves-tu le matin? ____________

b) À quelle heure te couches-tu? ____________

c) À quelle heure quittes-tu la maison pour aller à l'école? ____________

d) À quelle heure quittes-tu l'école? ____________

4. Encercle la bonne heure.

a) 11 : 00 ou 12 : 00

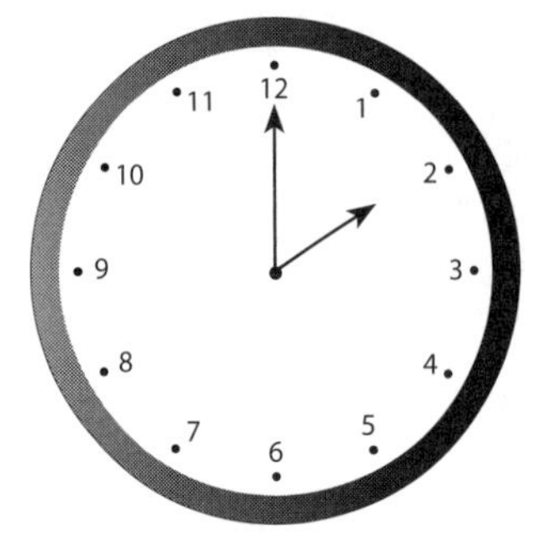

b) 2 : 00 ou 3 : 00

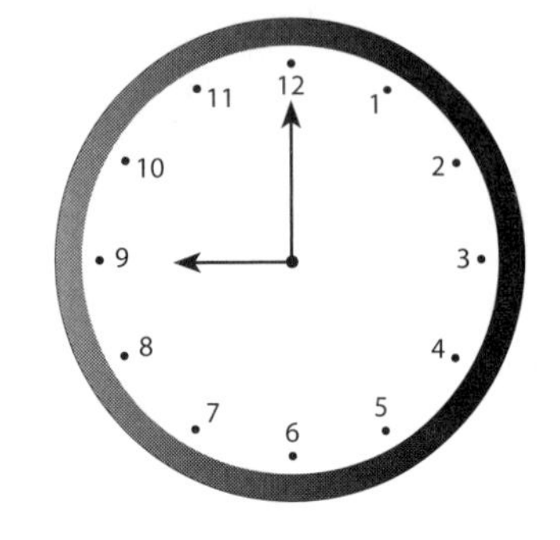

c) 21 : 00 ou 22 : 00

d) 10 : 00 ou 11 : 00

e) 13 : 00 ou 14 : 00

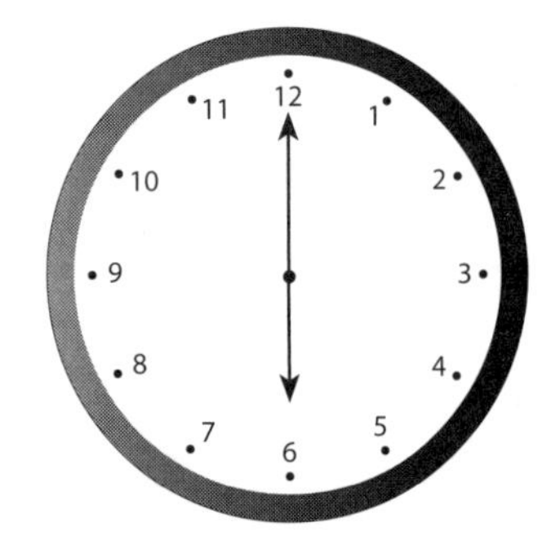

f) 5 : 00 ou 6 : 00

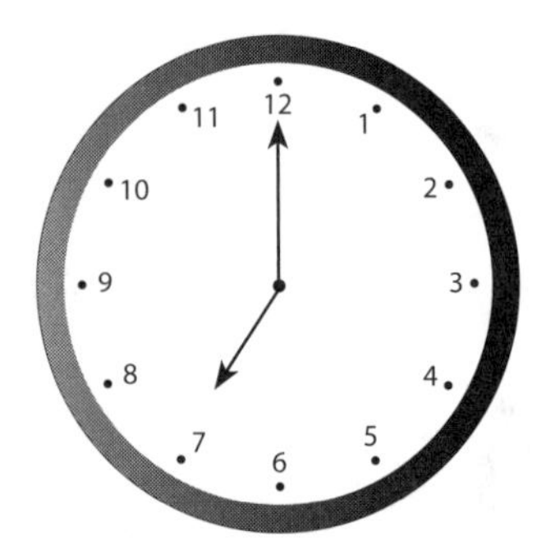

g) 19 : 00 ou 20 : 00

h) 12 : 00 ou 13 : 00

i) 13 : 00 ou 14 : 00

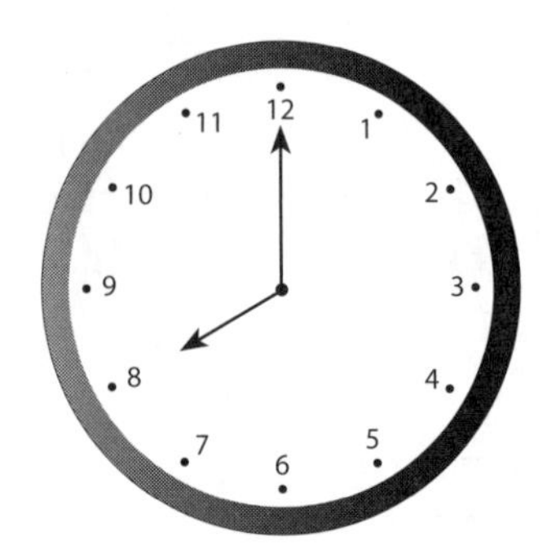

j) 7 : 00 ou 8 : 00

k) 15 : 00 ou 16 : 00

l) 11 : 00 ou 12 : 00

1. Dessine les aiguilles pour indiquer l'heure qu'il est.

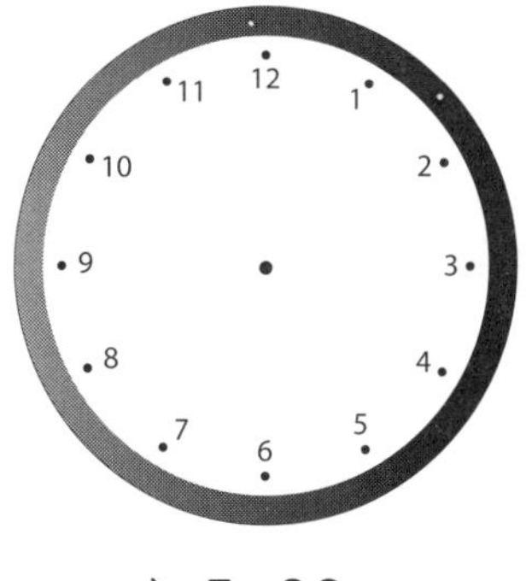

a) 5 : 00

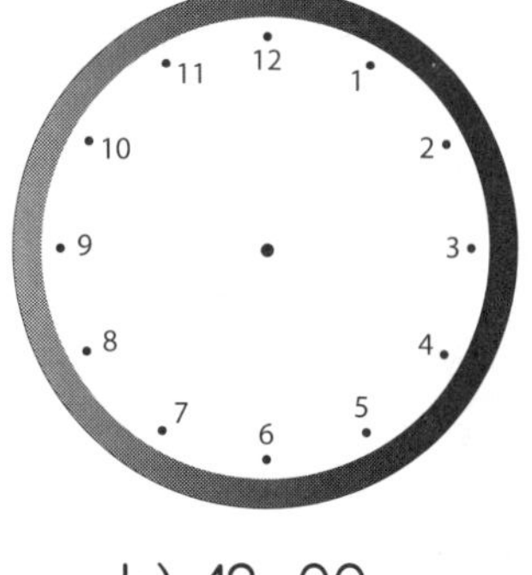

b) 12 : 00

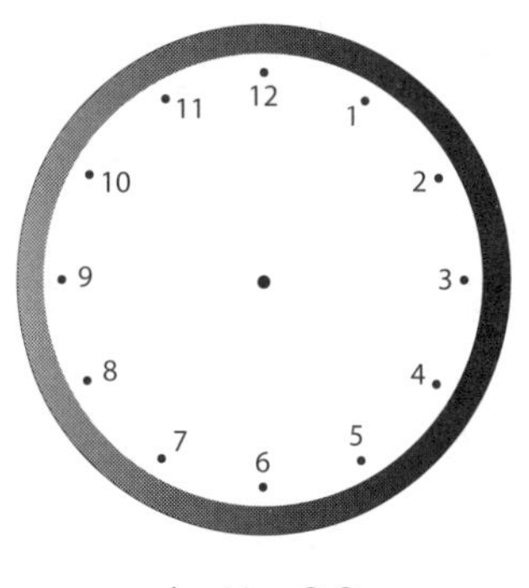

c) 4 : 00

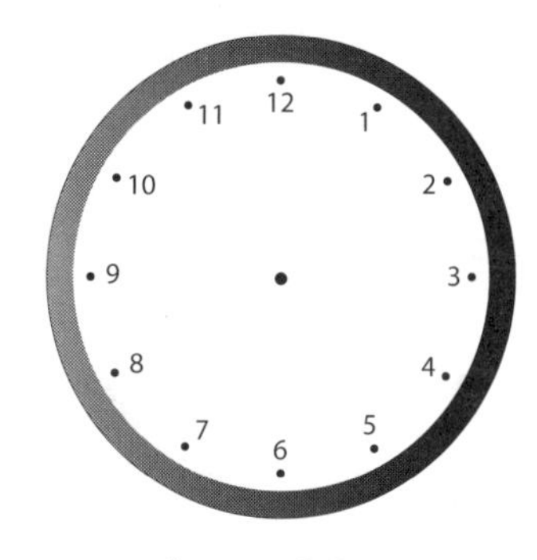

d) 6 : 00

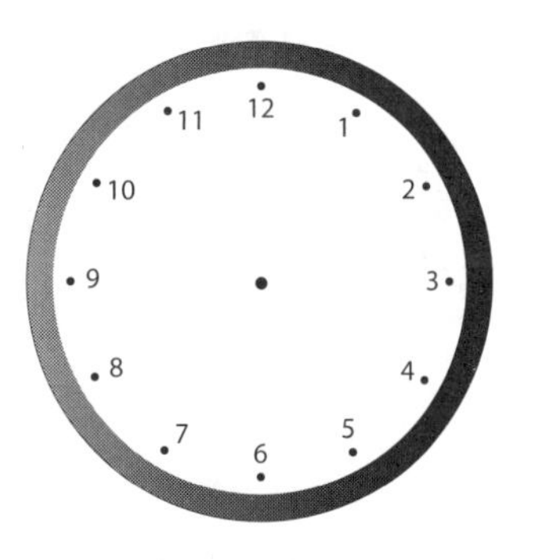

e) 2 : 00

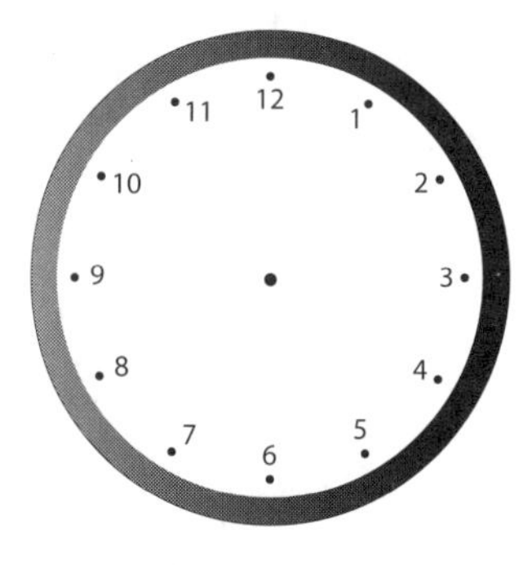

f) 11 : 00

g) 10 : 00

h) 7 : 00

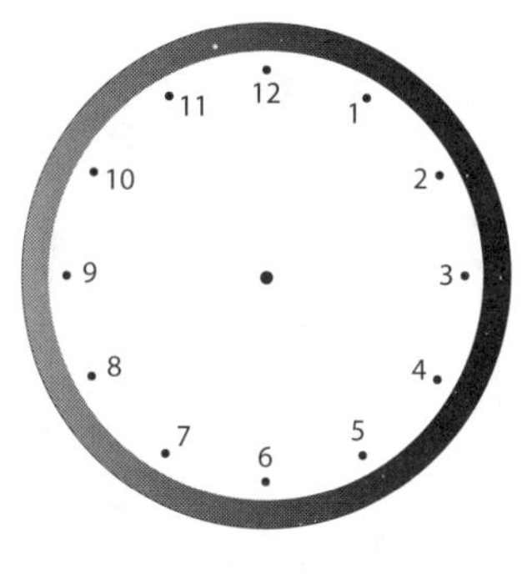

i) 1 : 00

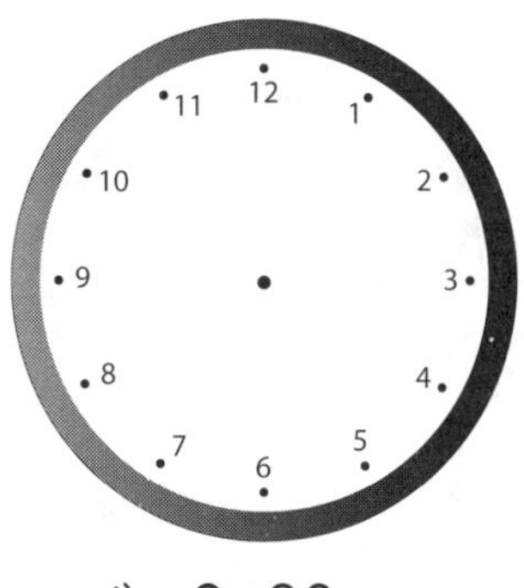

j) 9 : 00

k) 3 : 00

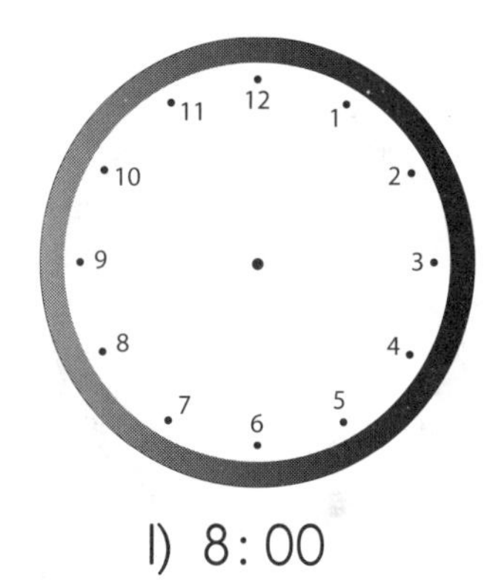

l) 8 : 00

2. Estime le temps qu'il te faut pour :

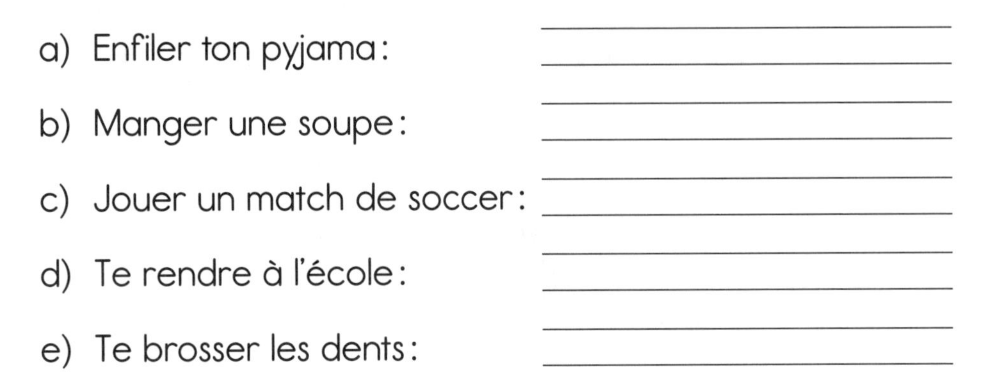

a) Enfiler ton pyjama :

b) Manger une soupe :

c) Jouer un match de soccer :

d) Te rendre à l'école :

e) Te brosser les dents :

3. Dessine l'aiguille des minutes sur les horloges suivantes.

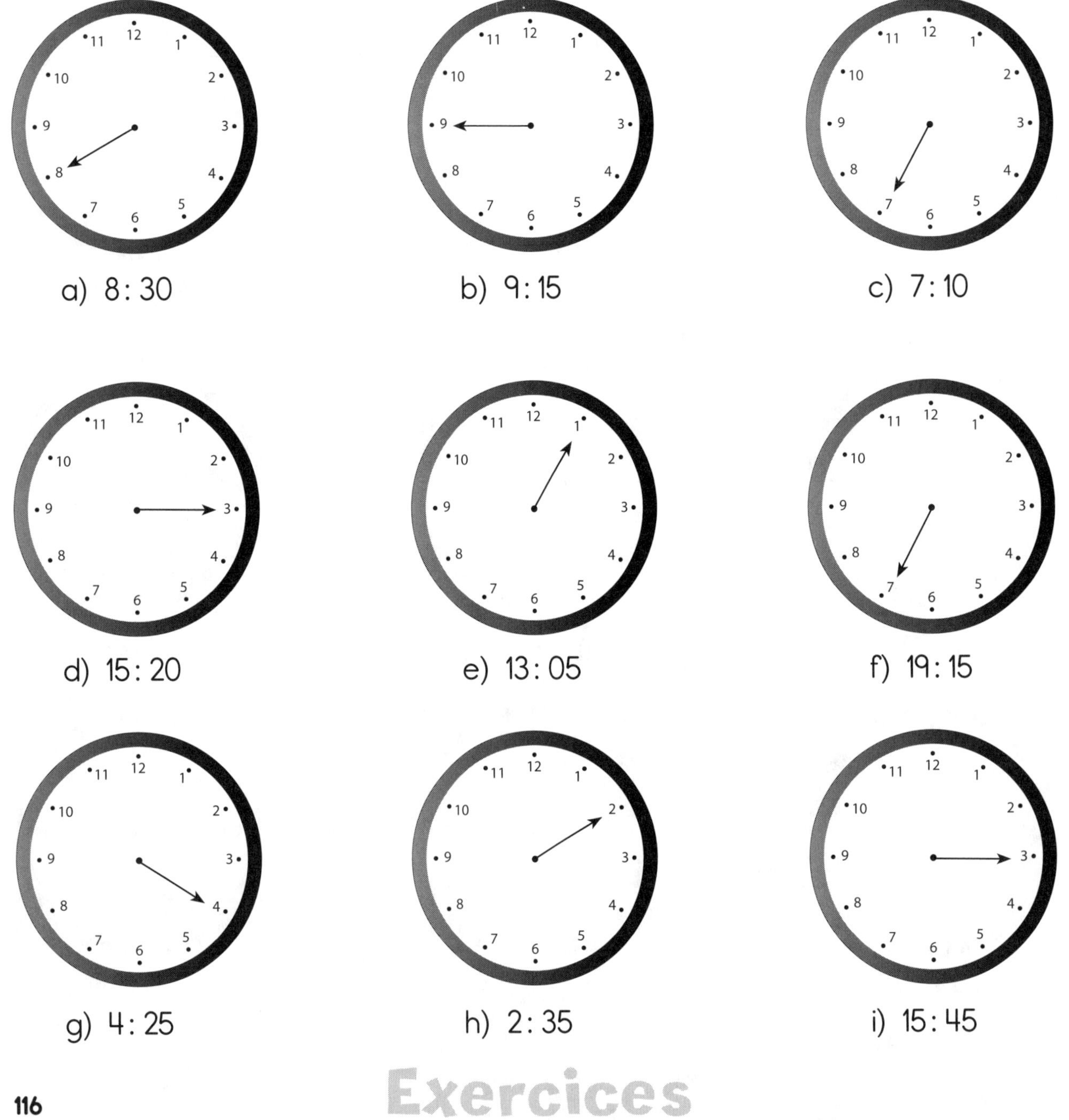

1. **Découpe et colle sur du carton l'horloge. Fais la même chose avec les aiguilles. Perce un trou au centre et fixe les aiguilles à l'aide d'une attache parisienne.**

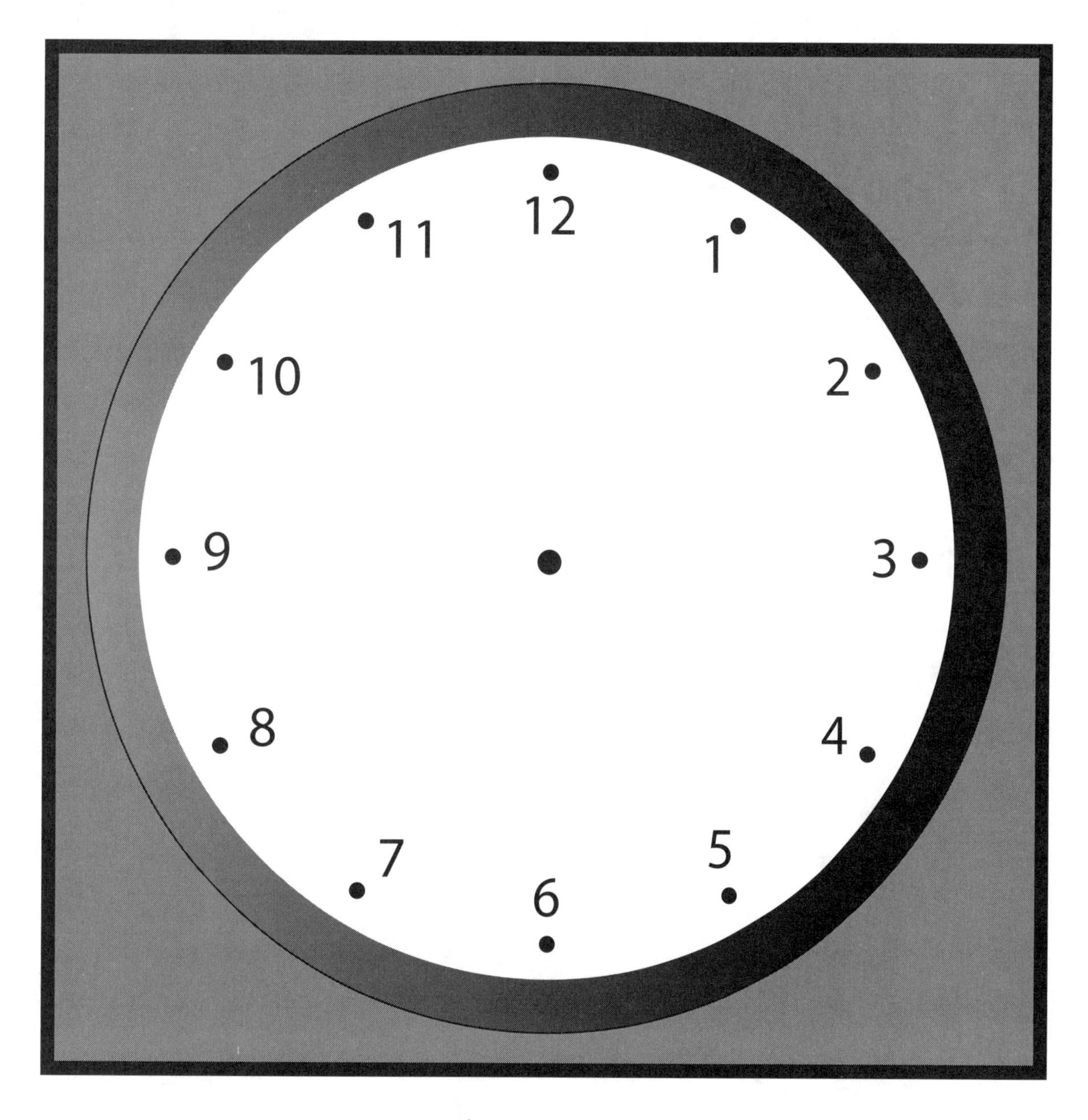

1. Utilise le diagramme à bandes pour répondre aux questions.

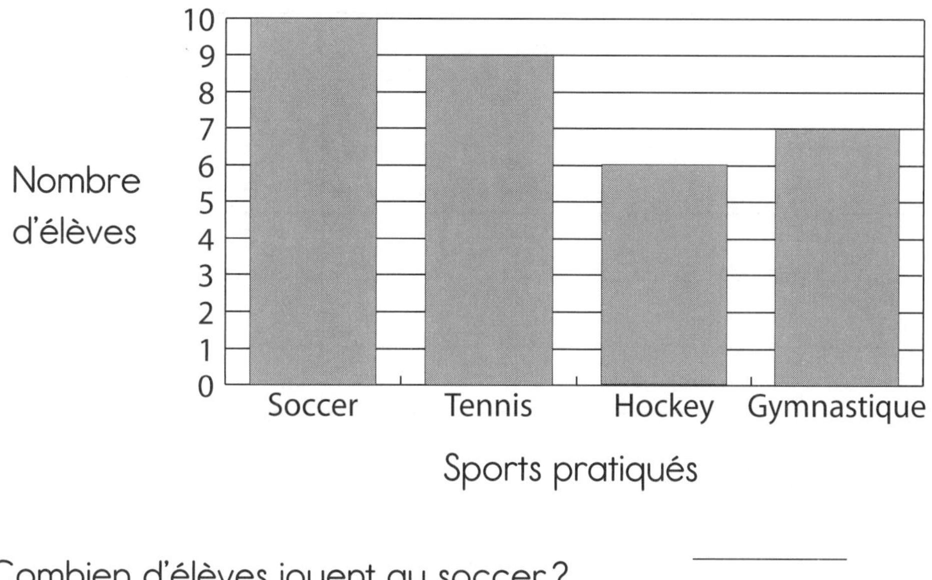

a) Combien d'élèves jouent au soccer? ____________

b) Combien d'élèves jouent au tennis? ____________

c) Combien d'élèves jouent au hockey? ____________

d) Combien d'élèves font de la gymnastique? ____________

2. Fais un x dans la bonne colonne.

		Certain	Possible	Impossible
a)	Manger un hamburger sur Mars.			
b)	Retourner à l'école en septembre.			
c)	Courir un marathon.			
d)	Courir plus vite que le vent.			

1. Fais un sondage auprès de tes amies et amis pour connaître leur fruit préféré.

Nom	Pomme	Orange	Banane	Kiwi	Cerise
Exemple : Fanny	x				
Total					

a) Combien préfèrent les pommes ? ______________

b) Combien préfèrent les oranges ? ______________

c) Combien préfèrent les bananes ? ______________

d) Combien préfèrent les kiwis ? ______________

e) Combien préfèrent les cerises ? ______________

2. Maintenant, dessine un diagramme à bandes avec les résultats de ton sondage.

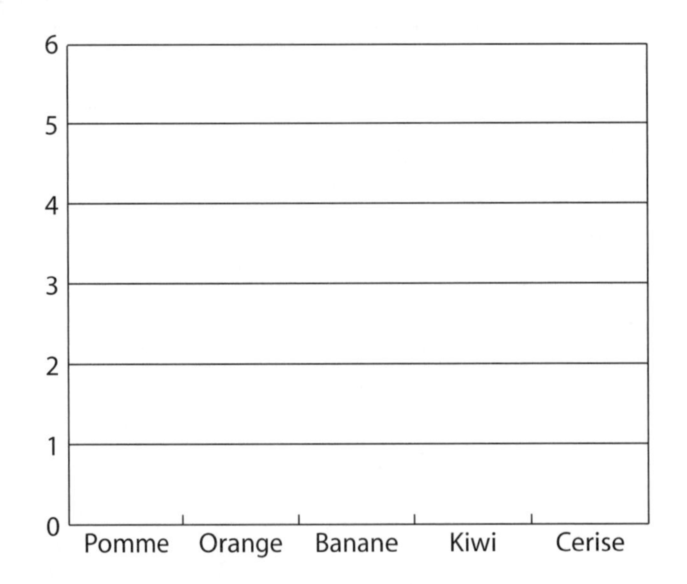

3. Les élèves veulent faire un voyage mais plusieurs destinations sont proposées. En regardant le diagramme, réponds aux questions.

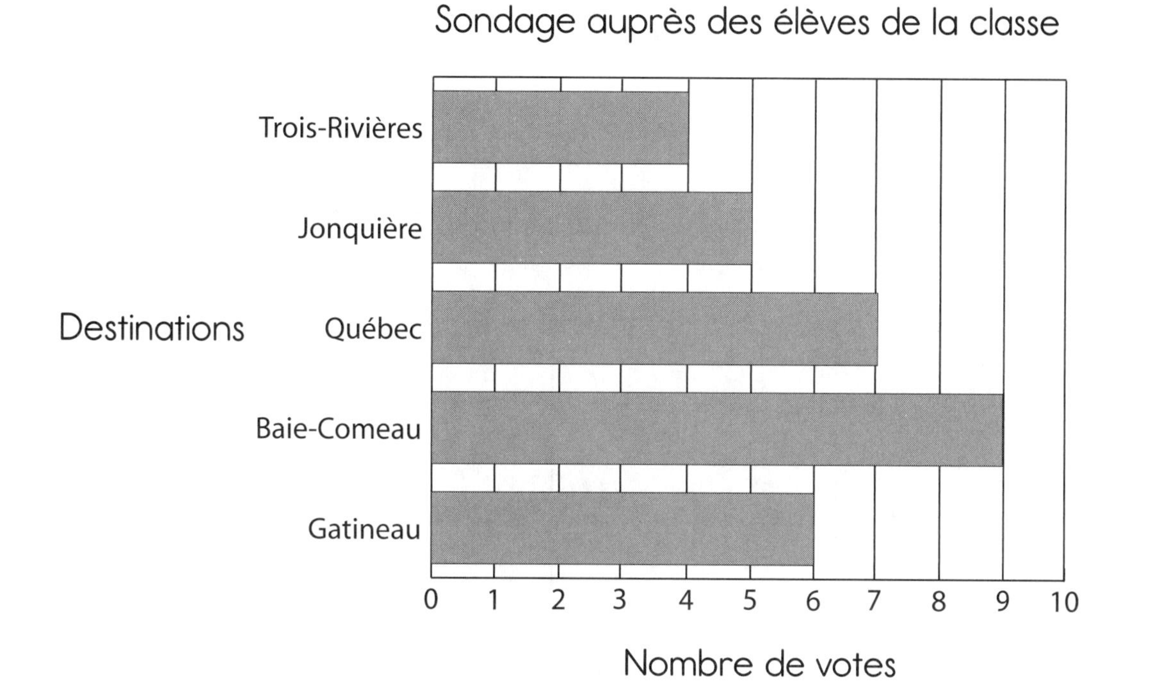

a) Quelle est la destination la plus populaire? ______________

b) Quelle est la destination la moins populaire? ______________

c) Comment ce sondage peut-il aider le professeur? ______________

d) Combien d'élèves préfèrent aller à Gatineau? ______________

4. Marc-Antoine ne sait pas quel groupe se joindre pour participer au tirage. Dans le groupe 1, il y a 6 participants et dans le groupe 2, il y a 4 participants.

Selon toi, dans lequel des groupes Marc-Antoine a-t-il le plus de chances de gagner le prix?

Pourquoi? ______________

5. Samara offre à Omar de piger deux cartes dans son paquet de 4 cartes. Illustre toutes les combinaisons possibles.

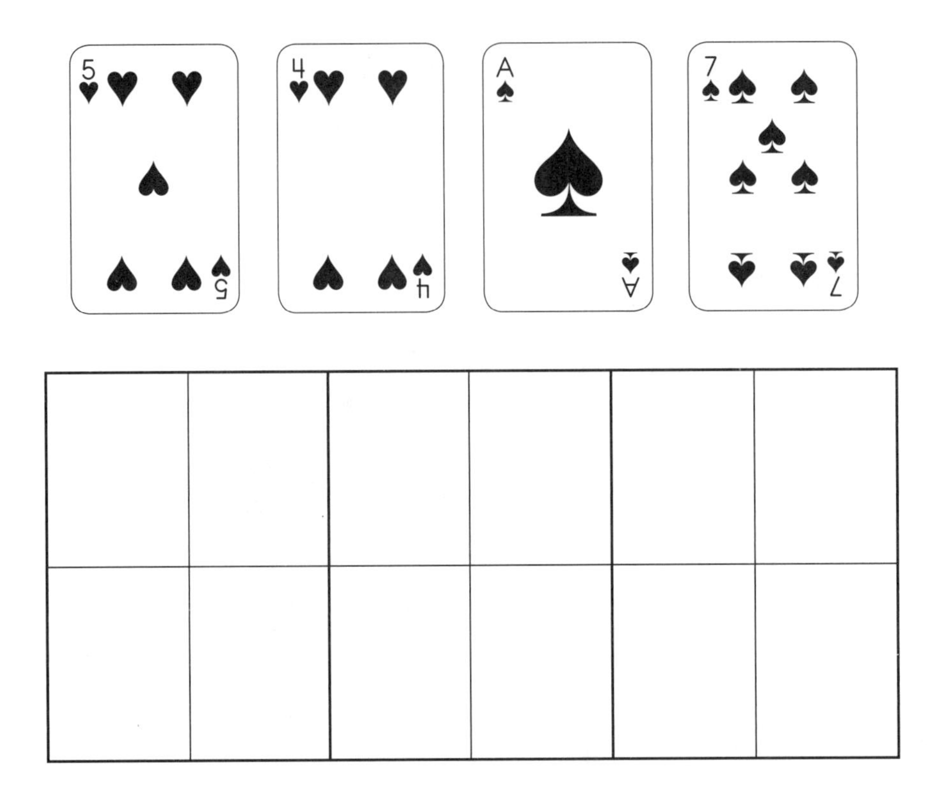

6. Lance 2 dés 9 fois de suite et note tes résultats. Voici ce que nous avons obtenu.

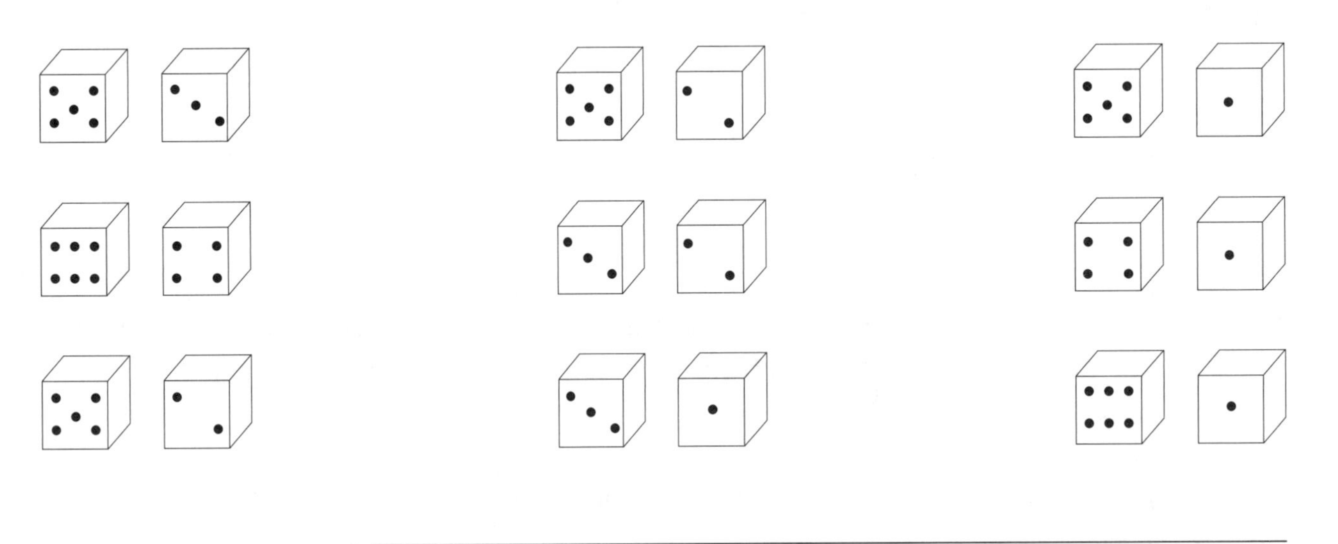

Que remarques-tu ? ____________________

1. Fais un x sur les illustrations qui sont impossibles.

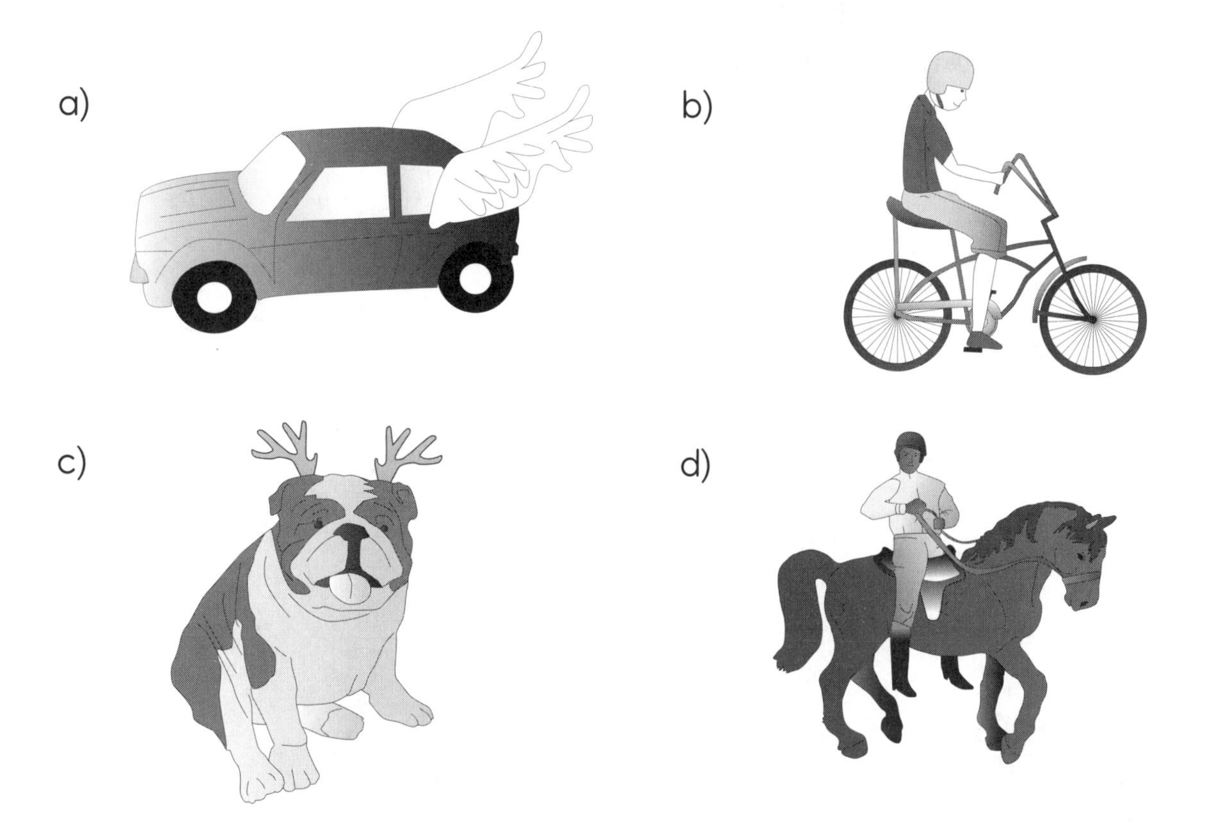

2. Complète le diagramme en te servant des informations ci-dessous.

Un groupe d'amis ont acheté des bonbons.

Patricia : 5 bonbons
Luc : 10 bonbons
Marie-Lou : 7 bonbons
Simon : 2 bonbons
Daniel : 9 bonbons

Colorie un carré pour chaque bonbon acheté par chacun.

Patricia										
Luc										
Marie-Lou										
Simon										
Daniel										

1. Un fermier voudrait bien pouvoir comparer le nombre d'animaux qui vivent sur sa ferme. Pour l'aider, colorie une case pour chaque animal dans la bonne colonne du diagramme.

2. Coche la case qui convient.

		Certain	Possible	Impossible
a)	Je suis capable de traverser la piscine sous l'eau.			
b)	Je suis capable d'attraper un nuage.			
c)	Je suis capable de sauter par-dessus la maison.			
d)	Je suis capable de lire un livre au complet.			
e)	Je suis capable de d'écrire mon prénom.			

3. Sur laquelle des cibles as-tu le plus de chances d'atteindre le milieu ?

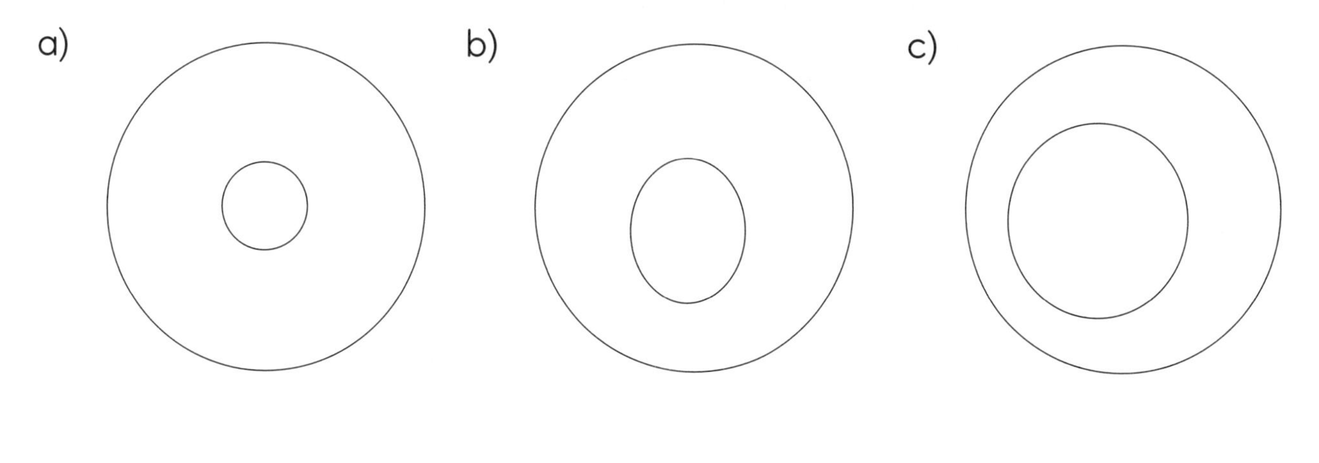

Réponse : ______________

4. Martine est allée observer les baleines. Observe le diagramme et réponds aux questions.

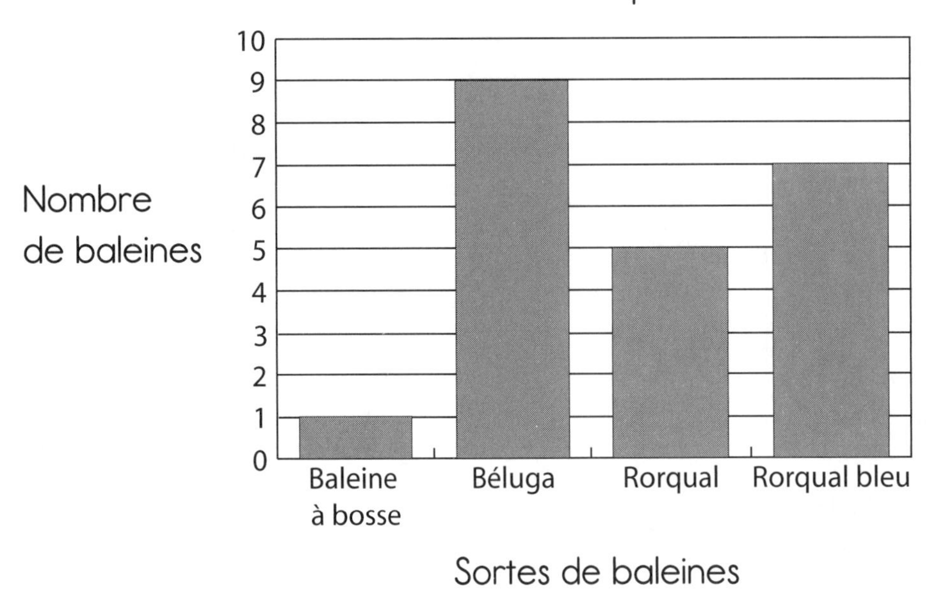

a) Combien de baleines à bosse a-t-elle vues? ____________

b) Combien de bélugas a-t-elle vus? ____________

c) Combien de rorquals communs a-t-elle vus? ____________

d) Combien de rorquals bleus a-t-elle vus? ____________

5. Remplis les cases avec des situations de ton choix en respectant les x dans les colonnes.

	Certain	Possible	Impossible
		x	
	x		
			x

1. Trouve le propriétaire de chaque sac d'école. Lis les indices et écris le nom du propriétaire sous le sac.

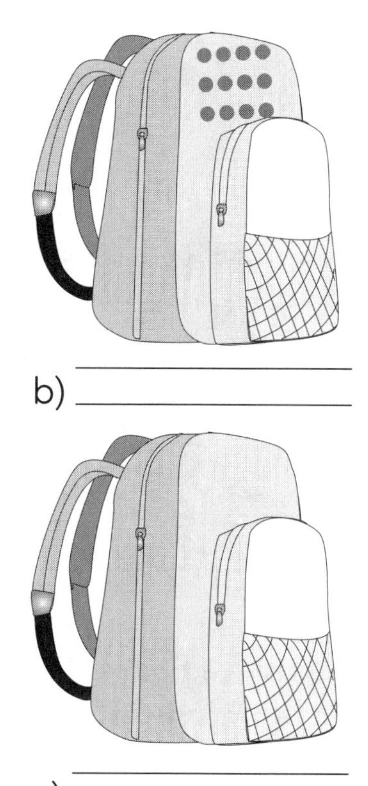

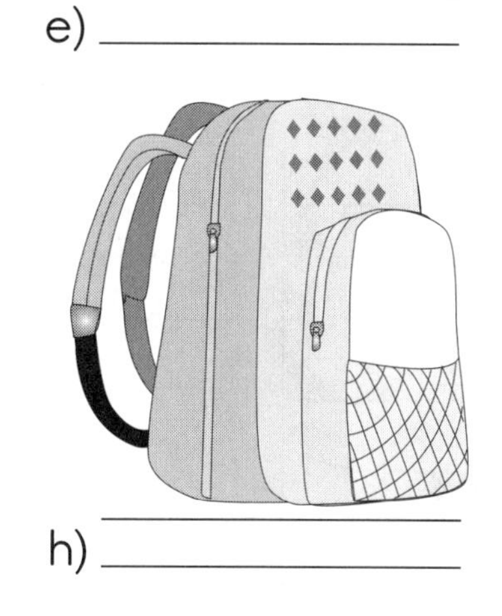

a) ____________

b) ____________

c) ____________

d) ____________

e) ____________

f) ____________

g) ____________

h) ____________

i) ____________

a) Le sac d'Océane est décoré de triangles.
b) Le sac d'Alexandre n'a aucun motif.
c) Le sac de Marie est entre celui d'Océane et celui de Jacob.
d) Le sac de Maude est décoré d'une fleur.
e) Le sac de Gabriel est rayé.
f) Le sac de Nina est à gauche de celui de Gabriel.
g) Le sac de Guillaume est sous celui de Jacob.
h) Le sac de Nina est décoré de carrés.
i) Le sac de Félix est entre celui de Gabriel et de Nina.

1. Dessine, dans le rectangle vide, les 3 figures dans l'ordre logique.

2. Complète la case vide. La dernière figure de la ligne est la même que la première figure de la ligne suivante.

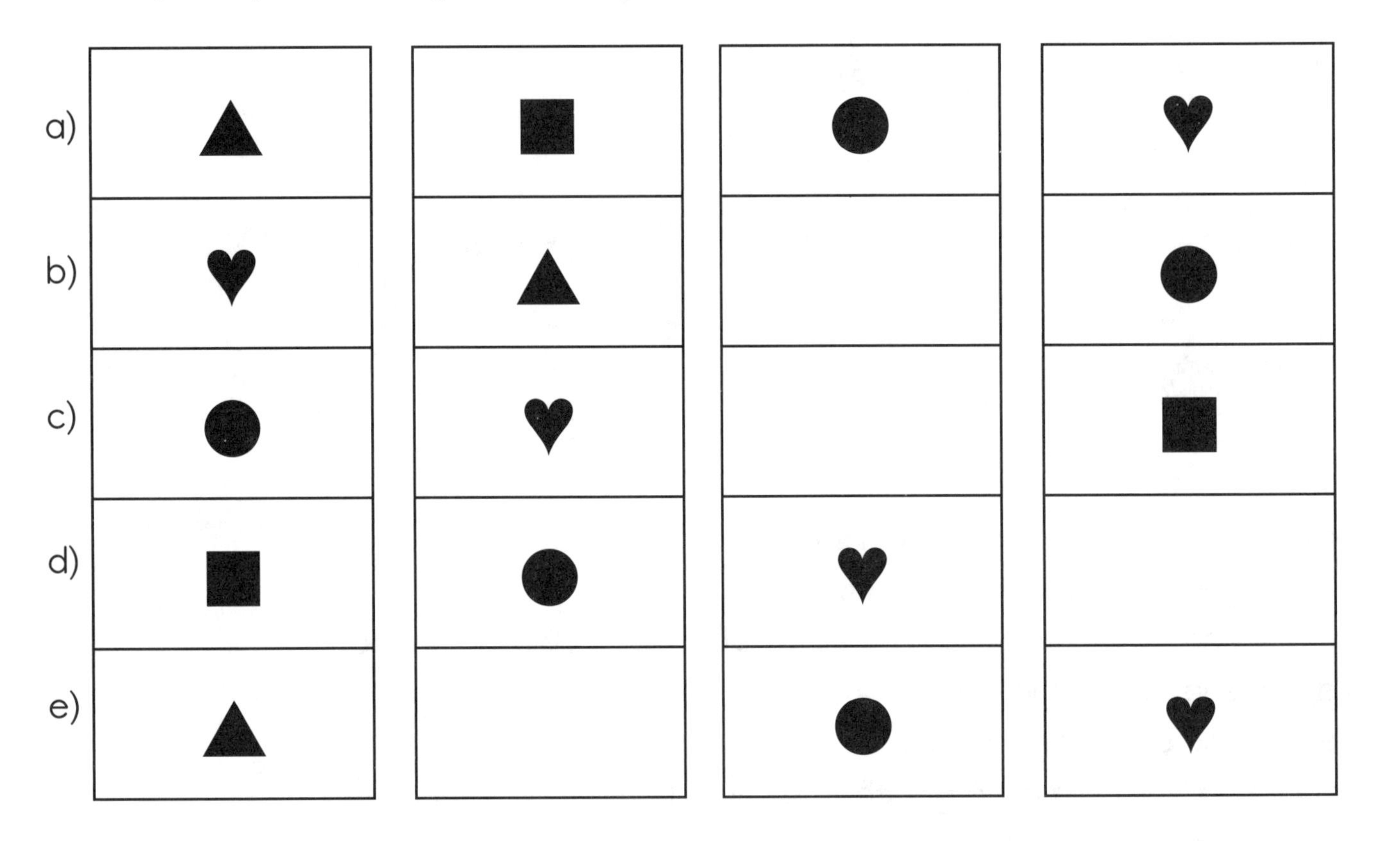

3. Trouve le nom de chacune des jeunes filles.

Marie ne ment jamais.
Elle est à gauche.

Lucie ment parfois.

Julie ment toujours.

1. ____________________

2. ____________________

3. ____________________

4. Cinq amis participent à une course de vélo. En te basant sur les indices, écris le nom de chacun des participants sur son dossard.

William arrive en 3e position.

Dominic est plus rapide que Yannick qui est deuxième.

Étienne n'est pas le dernier.

Mathieu roule plus lentement qu'Étienne.

5. Qu'aiment manger les quatre enfants ? Pour le découvrir, remplit le tableau en mettant des plus (+) (si tu es certain(e) que c'est la réponse) et des moins (–) (si tu es certain(e) que ce n'est pas la réponse). Voici les indices.

Maria ne mange pas de gâteau. Elle mange des muffins (nous avons rempli ces cases pour toi).

Hélène mange du gâteau.

Vincent ne mange pas de la tarte ou des muffins.

Paul mange de la tarte.

	gâteau	tarte	muffins	chocolat
Maria	–		+	
Hélène				
Paul				
Vincent				

Écris tes réponses ici.

Maria mange ________________.

Hélène mange ________________.

Paul mange ________________.

Vincent mange ________________.

Le but du sudoku est de compléter la grille afin que chaque ligne, chaque colonne et chaque région contiennent tous les personnages (ou les nombres de 1 à 4) une seule fois. Pour te faciliter la tâche, découpe les personnages et essaie toutes les combinaisons possibles.

Maintenant, fais la même chose, mais avec les nombres de 1 à 4.
Garde ta gomme à effacer à la portée de la main.

Jeu 1

3			
4			1
	2	4	

Jeu 2

	1		
3	2		
			2
		1	

Jeu 1

3				6	
2		6		3	
		5			4
4			6		
	4		2		6
	6				3

Jeu 2

5		4	3		2
1					5
2	1			5	
			6		

Corrigé

TEST 1

Page 9

1 : a) 2 b) 10 c) 4 d) 28

2 : a) 8 b) 5 c) 10 d) 6

Page 12

5 : 5, 8, 11, 13, 14, 16, 19, 20

7 : a) 13 b) 23 c) 34 d) 5 e) 49 f) 26, 28 g) 31 h) 48, 50 i) 9 j) 33

TEST 1.1

Page 13

3 : a) 10 b) 12 c) 9 d) 10 e) 8

Page 14

2 : reprendre l'illustration

Page 15

5 : 23, 30, 31, 32, 33

6 : a) 12 b) 20 c) 34 d) 46 e) 0 f) 50

Page 16

7 : 31

8 : a) 16 b) 12 c) 7 d) 20 e) 8 f) 17

TEST 2

Page 17

1 : 52, 55, 56, 59, 61, 64, 65, 67, 69

2 : a) 58 59 **60** 61 **62** **63** 64 **65** b) **80** 81 **82** 83 **84** **85** 86 **87** c) 75 **76** 77 78 **79** **80** 81 **82** 83 d) 66 **67** **68** 69 **70** **71** 72 **73**

4 : a) 51, 72, 84, 100 b) 12, 65, 75, 89

5 : a) 61, 52, 36, 12 b) 95, 55, 41, 35

Page 18

1 : a) 50 b) 97 b) 72 c) 63

2 : a) 85 b) 99 c) 60 d) 75

3 : b)

4 : 68, 78,

5 : 71, 72, 73, 74

Page 19

6 : plus grand : a ; plus petit : b

7 : ordre croissant : 96, 97, 98, 99 ; ordre décroissant : 99, 98, 97, 96

8 : a) 23, 65, 78, 95 b) 35, 54, 66, 89 c) 30, 45, 67, 99 c) 12, 31, 62, 88

Page 20

9 : a) Bolide b) Express c) Rapido d) Express, Formule 1, Rapido, Vito, Bolide

10 : a) 61 b) 56 c) 85 d) 100 e) 75 f) 94. Ordre décroissant : 100, 94, 85, 75, 61, 56

TEST 2.1

Page 21

2 : 75, 76, 77, 78, 79, 80, 81, 82, 83, 84, 85, 86, 87, 88, 89, 90, 91, 92, 93, 94, 95

3 : 100, 99, 98, 97, 96, 95, 94, 93, 92, 93, 92, 91, 90, 89, 88, 87, 86, 85, 84, 83, 82, 81, 80

4 : a) 10 **11** 12 b) **24** 25 **26** c) 33 34 **35**

Page 22

1 :

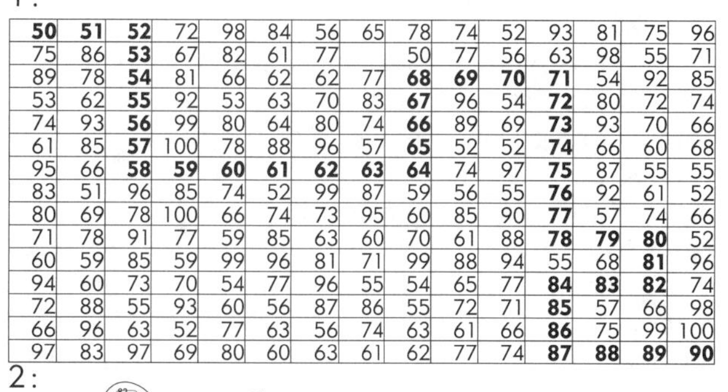

50	**51**	**52**	72	98	84	56	65	78	74	52	93	81	75	96
75	86	**53**	67	82	61	77		50	77	56	63	98	55	71
89	78	**54**	81	66	62	62	77	**68**	**69**	**70**	**71**	54	92	85
53	62	**55**	92	53	63	70	83	**67**	96	54	**72**	80	72	74
74	93	**56**	99	80	64	80	74	**66**	89	69	**73**	93	70	66
61	85	**57**	100	78	88	96	57	**65**	52	52	**74**	66	60	68
95	66	**58**	**59**	**60**	**61**	**62**	**63**	**64**	74	97	**75**	87	55	55
83	51	96	85	74	52	99	87	59	56	55	**76**	92	61	52
80	69	78	100	66	74	73	95	60	85	90	**77**	57	74	66
71	78	91	77	59	85	63	60	70	61	88	**78**	**79**	**80**	52
60	59	85	59	99	96	81	71	99	88	94	55	68	**81**	96
94	60	73	70	54	77	96	55	54	65	77	**84**	**83**	**82**	74
72	88	55	93	60	56	87	86	55	72	71	**85**	57	66	98
66	96	63	52	77	63	56	74	63	61	66	**86**	75	99	100
97	83	97	69	80	60	63	61	62	77	74	**87**	**88**	**89**	**90**

2 :

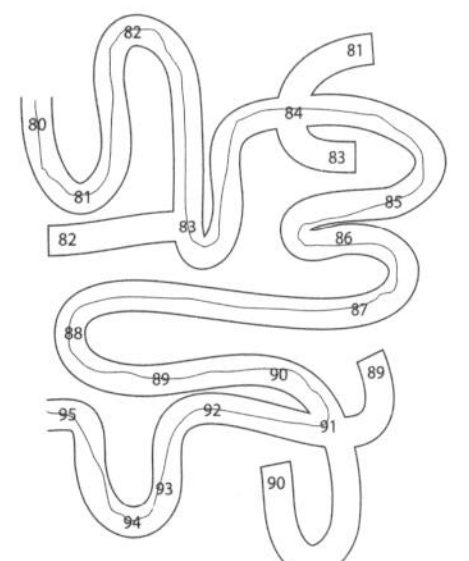

Page 23

3 :

4 :

Page 24

6 : a) gommes à effacer b) porte-clés c) porte-clés, yoyos, billes bleues, soldats, cartes de hockey, gommes à effacer e) billes bleues

TEST 3

Page 25

1 : a) 5 b) 9

2 : a) 8 b) 3

3 : a) L'ensemble de trois papillons. b) L'ensemble de sept avions.

4 : a) 5 < 6 b) 7 > 6 c) 5 = 5

Page 26

1 : a) 8 b) 21 c) 35 d) 5

2 : a) 71 b) 99 c) 100 d) 80

3 : a) 53 b) 66 c) 73 d) 15

Page 27

4 : a) 9 = 9 b) 6 > 5 c) 4 < 7 d) 10 > 9 e) 8 < 9 f) 6 = 6

Page 28

5 : a) 22 = 22 b) 57 **<** 95 c) 41 **<** 42 d) 100 = 100 e) 51 **<** 85 f) 12 **>** 9 g) 97 **>** 85 h) 66 **>** 65

6 : a) 99 b) 27 c) 63, 78, 93 d) 39, 42, 60

7 : a) 9 b) 56, 21, 90 c) 41, 17, 15 d) 21, 53
8 : a) 10 b) 80

TEST 3.1

Page 29

1 : a) Votre enfant doit dessiner 3 pommes. b) Votre enfant doit dessiner 6 pommes ou plus. c) Votre enfant doit dessiner 6 pommes ou moins.
2 : a) < b) < c) > d) =
3 : La troisième case en contient le plus.

Page 30

2 : Votre enfant doit dessiner 7 éléments. b) Votre enfant doit dessiner 3 éléments. c) Votre enfant doit dessiner 13 éléments. d) Votre enfant doit dessiner 4 éléments.

Page 31

4 : a) 7 b) 2 c) 9 d) 4 e) 4 f) 6

Page 32

6 : a) 5 b) 9 c) 7 d) 10 e) 2 f) 4 g) 1 h) 10 Il faut suivre le chemin de ces chiffres pour se rendre à l'arrivée.
7 : 4 ballons rouges et 4 ballons bleus sont coloriés.
8 : 35, 36, 37, 38, 39
9 : 91, 92, 93, 94, 95, 96, 97, 98, 99, 100

TEST 4

Page 33

1 : a) 1 + 1 = 2 b) 3 + 2 = 5 c) 4 + 1 = 5
d) 5 + 3 = 8
2 : a) 4 + 3 = 7 b) 5 + 4 = 9 c) 2 + 2 = 4
d) 3 + 5 = 8

Page 34

1 : a) 6 + 1 = 7 b) 6 + 3 = 9 c) 2 + 4 = 6
d) 3 + 4 = 7 e) 3 + 3 = 6 f) 5 + 1 = 6
g) 6 + 2 = 8 h) 4 + 7 = 11
2 :
a)

+	1	3	4
2	3	5	6
3	4	6	7

b)

+	2	6	5
1	3	7	6
4	6	8	9

3 : 2 + 1 =3, 3 + 1 = 4, 4 + 2 = 6, 3 + 0 = 3,
1 + 1 + 1 = 3, 1 + 2 = 3

Page 35

4 : a) 1 + 1 + 1 = 3 b) 2 + 3 + 0 = 5
c) 4 + 2 + 1 = 7 d) 3 + 2 + 1 = 6
e) 5 + 0 + 1 = 6 f) 6 + 2 + 1 = 9
5 : a) 1 + 3 = 4 ou 3 + 1 = 4 b) 2 + 5 = 7 ou 5 + 2 = 7 c) 2 + 7 = 9 ou 7 + 2 = 9
d) 3 + 7 = 10 ou 7 + 3 = 10
6 : 4 + 6 = 10, 4 + 5 = 9, 1 + 8 = 9,
3 + 6 = 9, 2 + 8 = 10, 6 + 4 = 10
7 : a) 5 b) 7 c) 11 d) 8

Page 36

8 : 10 + 1 = 9, 5 + 5 = 10, 4 + 3 = 7, 8 + 4 = 12,
6 + 8 = 14, 6 + 2 = 8, 9 + 4 = 13, 10 + 5 = 15

9 :
a)

+	0	1	2	3
6	6	7	8	9
8	8	9	10	11
9	9	10	11	12

b)

+	4	5	2	6
7	11	12	9	13
5	9	10	7	11
4	8	9	6	10

10 : 5 + 1 = 6, 2 + 6 = 8, 8 + 7 = 15,
10 + 5 = 15, 6 + 6 = 12, 9 + 7 = 16, 5 + 0 = 5,
8 + 8 = 16, 9 + 6 = 15, 7 + 6= 13, 4 + 9 = 13,
6 + 4 = 10, 2+ 5 = 7, 10 + 4 = 14, 8 + 6 = 14,
1 + 7 = 8, 10 + 8 = 18, 9 + 3 = 12

TEST 4.1

Page 37

1 : a) 10 b) 11 c) 13 d) 12
2 : c
3 : 10 + 8 = 10, 9 + 1 = 10, 8 + 5 = 13,
7 + 9 = 16, 5 + 4 = 9
4 :

1 2 3 4 5 6 7 8 9
a) 6 + 3 = 9

1 2 3 4 5 6 7 8 9
b) 4 + 1 = 5

1 2 3 4 5 6 7 8 9
c) 2 + 2 = 4

1 2 3 4 5 6 7 8 9
d) 7 + 2 = 9

Page 38

1 : a) 0 + 1 = 1 b) 1 + 1 = 2 c) 2 + 1 = 3
d) 2 + 2 = 4 e) 3 + 2 = 5 f) 4 + 2 = 6
g) 5 + 2 = 7 h) 6 + 2 = 8 i) 8 + 1 = 9
j) 5 + 5 = 10

a d
u q
i n e u f
a
h h u i t
f r c
g s e p t
j i r
b d e u x o
i e c i n q
x s

3 : 0 + 1 = 1 o; 2 + 3 = 5 b; 3 + 3 = 6 u;
1 + 1 = 2 r; 3 + 4 = 7 n; 2 + 1 = 3 j

b	o	n	j	o	u	r
5	1	7	3	1	6	2

Page 39

3 :

14 5+2= 8
8+6= 7 11
13
17 16 8+4=
12
20 9+8=
10+9= 13 20
19 8+2= 10 9+9=
18
8+5=
12
13
1+0= 14
7 0
13
4+4= 8 9+3= 12

TEST 5

Page 41

1 : a) 5 – 1= 4 b) 6 – 2 = 4 c) 3 – 1 = 2
d) 4 – 2 = 2 e) 5 – 3 = 2 f) 10 – 5 = 5

2 :

	5	7	2	4	5	6	8	10	7
+	2	3	1	0	3	2	3	2	2
=	3	10	3	4	8	8	11	12	9

3 : 7 – 2 = 5, 6 – 1 = 5, 7 – 4 = 3, 8 – 2 = 6

Page 42

1 : a) 5 – 3 = 2 b) 6 – 1 = 5 c) 4– 2 = 2 d) 7 – 2= 5
e) 8 – 4 = 4 f) 10 – 5 = 5

2 : a) 9 – 1 = 8 b) 7 – 5 = 2 c) 10 – 7 = 3
d) 6 – 3 = 3 e) 5 – 1 = 4 f) 3 – 0 = 3 g) 8 – 4 = 4
h) 4 – 3 = 1 i) 9 – 5 = 4

3 :

- ↓	4	5	6
1	3	4	5
3	1	2	3

- ↓	7	8	9
4	3	4	5
5	2	3	4

Page 43

4 : a) 4 b) 7 c) 5

5 : a) 5 – 3 = 2 b) 8 – 4 = 4 c) 3 – 1 = 2 d) 6 – 3 = 3

6 : 5 – 1 = 4, 8 – 1 = 7, 9 – 2 = 7, 10 – 3 = 7,
8 – 2 = 6, 10 – 4 = 6

7 : a) 7 – 3 = 4 b) 10 – 4 = 6 c) 9 – 4 = 5

Page 44

8 : 9 – 1 = 8, 5 – 4 = 1, 7 – 4 = 3, 8 – 5 = 3,
8 – 6 = 2, 9 – 2 = 7, 6 – 3 = 3, 6 – 1 = 5,
5 – 4 = 1, 7 – 6= 1, 9 – 4 = 5, 6 – 4 = 2,
9 – 4 = 5, 4 – 3 = 1, 8 – 4 = 6, 8 – 7 = 1,
3 – 1 = 2, 5 – 0 = 5

9 : 10 – 8 = 2, 7 – 3 = 4, 6 – 3 = 3, 5 – 4 = 1,
10 – 10 = 0, 8 – 3 = 5

10 : a) 7 – 2 = 5 b) 9 – 5 = 4 c) 7 – 4 = 3
d) 4 – 4 = 0

TEST 5.1

Page 45

1 : 5 – 4 = 1, 5 – 2 = 3, 7 – 4 = 3, 8 – 2 = 6,
3 – 1 = 2, 6 – 5 = 1

2 : a) 9 – 5 = 4 b) 6 – 3 = 3 c) 8 – 5 = 3
d) 9 – 1 = 8

3 :

1 2 3 4 5 6 7 8 9

a) 9 – 4 = 5

1 2 3 4 5 6 7 8 9

b) 7 – 3 = 4

1 2 3 4 5 6 7 8 9

c) 5 – 4 = 1

1 2 3 4 5 6 7 8 9

d) 4 – 2 = 2

Page 46

1 : 10 – 7, 8 – 5, 9 – 6, 6 – 3, 5 – 2, 4 – 1

2 : 10 – 4 = 6, 4 – 3 = 1, 9 – 2 = 7, 6 – 4 = 2, 8 – 3 = 5, 5 – 2 = 3, 9 – 1 = 8, 3 – 3 = 0, 10 – 1 = 9, 7 – 3 = 4. Nombre restant : 10.

3 : 6 – 4 = 2, 3 – 2 = 1, 10 – 7 = 3, 9 – 4 = 5, 7 – 3 = 4, 8 – 2 = 6

Page 47

4 :

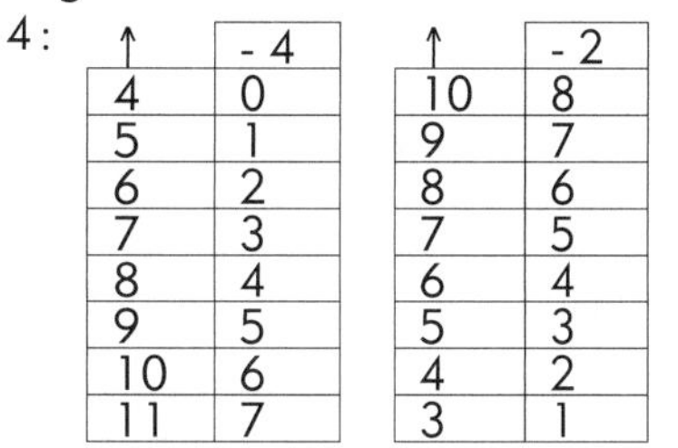

↑	- 4
4	0
5	1
6	2
7	3
8	4
9	5
10	6
11	7

↑	- 2
10	8
9	7
8	6
7	5
6	4
5	3
4	2
3	1

5 : 10 – 2= 8, 7 – 4 = 3, 6 – 2 = 4

TEST 6

Page 49

1 : 4 + 7 = 3

2 : 8 – 2 = 6

3 : 8 – 3 = 5

4 : 18 ¢

Page 50

1 : Paula 10 + 8 = 18 ; Maria : 5 + 3 = 8

2 : 7 – 6 = 1

3 : 10 – 3 = 7

4 : 9 – 3 = 6

5 : a) 3 - 1 = 2 b) 6 + 2 = 8 c) 9 - 1 = 8

Page 51

7 : Non, Tatiana a reçu un cadeau de plus que Nikita.

8 : Non.

9 :

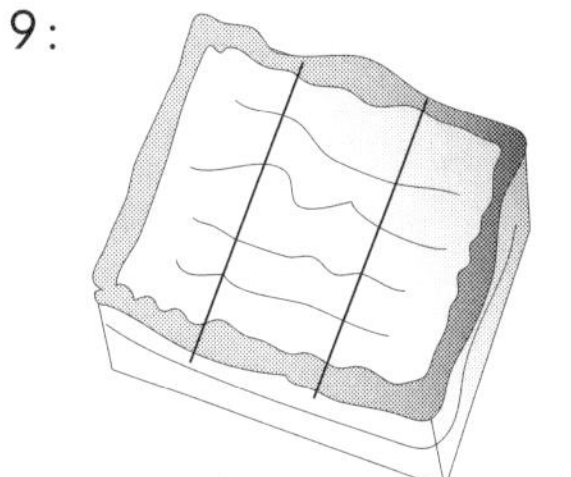

Page 52

10 :

11 : a) 1 ¢ b) 5 ¢ c) 10 ¢ d) 25 ¢ e) 1 $ f) 2 $

12 : a) 5 ¢ b) 3 ¢ c) 7 ¢ d) 50 ¢ e) 15 ¢

13 : oui

TEST 6.1

Page 53

1 : 6 - 4 = 2

2 : a) 3 b) 7

3 : 4

4 : 11 h

5:

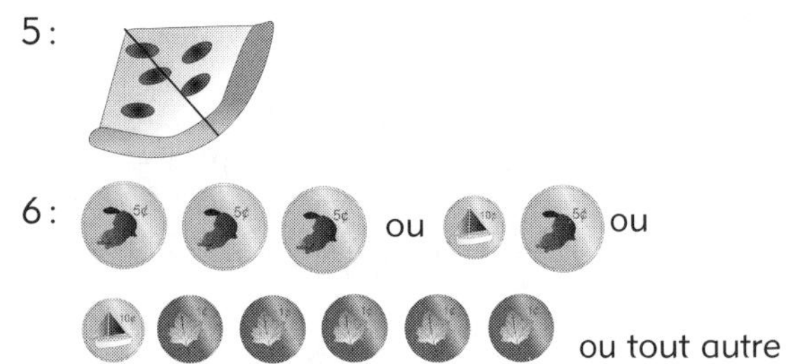

ou tout autre combinaison de pièces donnant 15 sous.

Page 54
1: 6
2: 3
3: a) 13 b) 7 c) 6 d) 3

Page 55
4: 3
5: 8
6: 5
7: a) 9 - 8 + 6 = 7 b) 3 + 6 - 7 = 2 c) 3 + 3 = 6 d) 4 - 3 = 1 e) 3 + 1 + 3 = 7 f) 7 - 7 = 0 g) 6 + 3 = 9 h) 4 + 3 = 7
8: 6

Page 56
9:

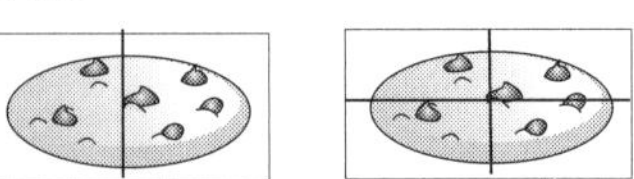

10: a) 41 ¢ b) 2$ c) 3$ et 1$ d) 35¢
11: a) 7¢ (5¢, 1¢, 1¢) ou (7 pièces de 1 ¢)
b) 12¢ (2 pièces de 10 ¢ et 2 de 1¢) ou (10¢, 5¢, 5¢, 1¢, 1¢) ou (3 pièces de 5¢, 2 pièce de 1¢) ou (12 pièces de 1 ¢) c) 37¢ (25¢, 10¢, 1¢, 1¢) ou (10¢,10¢,10¢, 5¢, 1¢, 1¢) ou tout autre combinaison donnant 37¢.
12: (25¢, 25¢) ou (25¢, 10¢, 10¢, 5¢) ou (25¢, 5¢, 5¢, 10¢, 10¢) ou tout autre combinaison donnant 50¢.

TEST 7

Page 57
1: 2, 4, 6, 8, 10
2: 1, 3, 5, 7, 9
3: 2, 4, 6, 8, 10
4: 5, 10, 15, 20, 25
5: 10, 20, 30, 40, 50, 60, 70
6:

Page 58
3: ⑮, ㉟75, ⑧⑨89, ~~66~~, ~~74~~, ~~22~~, ~~56~~, ⑦①71, ~~20~~

Page 59
4:

2	4	6	8	10	12	14	16	18	20	22	24	26	28	30	32	34	36	38	40

6: 5, 10, 15, 20, 25, 30, 35, 40, 45
7: 10, 20, 30, 40, 50, 60, 70

Page 60
8: a) tout s'efface b) la réponse double à toute les fois.
c) 6 – 4 = 2, 8 – 3 = 5, 5 – 2 = 3, 9 – 1 = 8, 3 – 3 = 0, 25 + 25 = 50, 3 + 2 = 5, 4 + 2 = 6, 71 – 22 = 49, 5 + 2 = 7, 6 + 2 = 8, 44 + 44 = 88, 8 + 1 = 9, 5 + 5 = 10, 100 – 100 = 0

TEST 8

Page 61
1 : a) parce que c'est beaucoup plus facile de compter les groupements lorsqu'ils sont bien ordonnés.
2: Il faut ajouter 1 dizaine et 6 unités.

Page 62
1 : a; d
2: 2 unités
3: 6
4: a) 5 dizaines et 6 unités b) 7 dizaines et 2 unités c) 9 dizaines et 5 unités d) 9 dizaines et 5 unités e) 1 dizaine et 6 unités f) 4 dizaines et 4 unités

Page 63
5: a) 3dizaines et 3 unités b) 4 dizaines et 8 unités c) 7 dizaines et 0 unité d) 5 dizaines et 6 unités e) 5 dizaines et 4 unités f) 8 dizaines et 7 unités

Page 64
6: a) 16 = 1 dizaine et 6 unités b) 52 = 5 dizaines et 2 unités c) 98 = 9 dizaines et 8 unités d) 35 = 3 dizaines et 5 unités
7: 54 = 5 dizaines et 4 unités, 36 = 3 dizaines et 6 unités, 41 = 4 dizaines et 1 unité, 57 = 5 dizaines et 7 unités, 99 = 9 dizaines et 9 unités
8: 91 personnes

TEST 8.1

Page 65
1 : 10 dizaines
2: Loulou 26 jours; Coco 37 jours; Zambi 48 jours.
3: 3 pièces de 10 sous.

Page 66
1 : a) 53 + 24 = 77 b) 35 + 13 = 48 c) 41 + 41 = 82
2: a) 31 b) 56 c) 74 d) 80 e) 92

Page 67
3: chaussure 99

Page 68
4: a) 15 avril b) 6 décembre d) 1er juin e) 24 novembre

TEST 9

Page 69

1 : a) sous b) à gauche

2 : a) 63 b) 99 c) 10 d) 1

4 : a) ouvert b) fermé c) fermé d) ouvert e) fermé f) ouvert

Page 70

1 : a) sur le lit b) un vase c) sur le lit d) sous le lit e) au-dessus du lit

Page 71

4 : a) ligne courbe b) ligne fermée c) ligne brisée d) ligne ouverte

Page 72

7 :

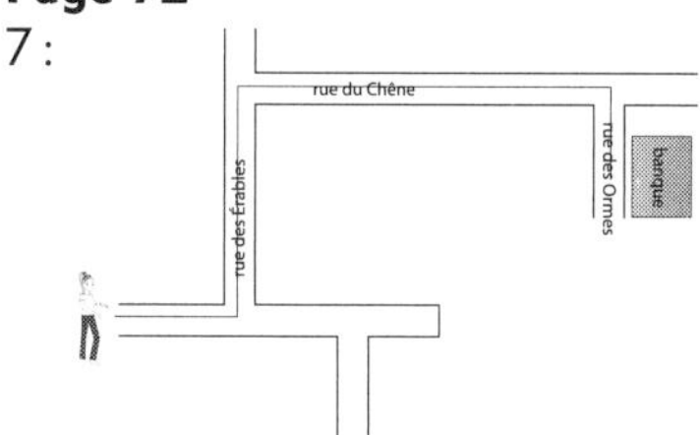

TEST 9.1

Page 73

1 : a) ouverte, courbe b) fermée, courbe c) fermée, brisée d) fermée, brisée

2 :

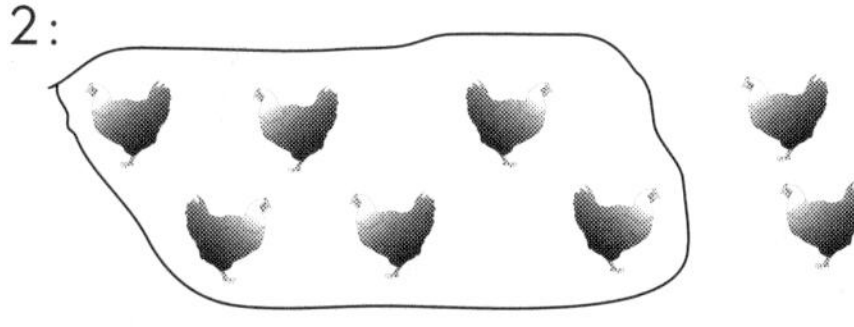

Page 74

1 : C'est impossible de sortir b et c.

3 : 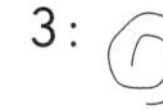 4 : 5 : 6 : 

Page 75

7 : Fruit mystère : banane

Page 76

9 : Pamela tourne à **droite** dans l'avenue d'Italie. Ensuite, elle tourne à **droite** dans l'avenue de Venise. Elle tourne à **gauche** dans l'avenue de Pise. Et voilà, Pamela est rendue à l'école de danse.

10 :

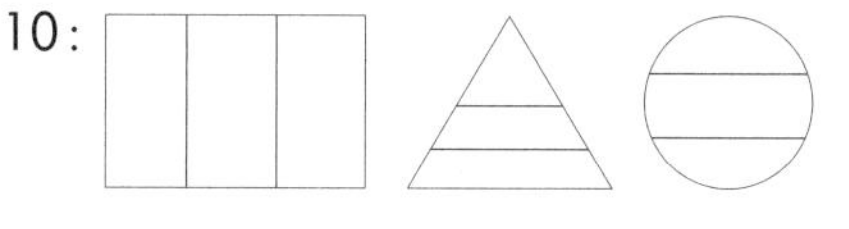

TEST 10

Page 77

1 :

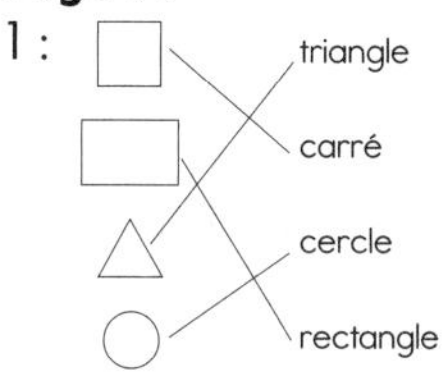

3 : a) 4 côtés b) 4 côtés c) 3 côtés

Page 78

1 : a) triangle b) carré c) cercle d) rectangle e) triangle f) carré

Page 79

3 : a) 5 côtés b) 3 côtés c) 4 côtés d) 4 côtés e) 6 côtés f) 4 côtés

Page 80

8 : a) rectangle b) triangle c) carré d) cercle e) cercle f) triangle

9 : a) 5 b) 2

Page 81

11 :

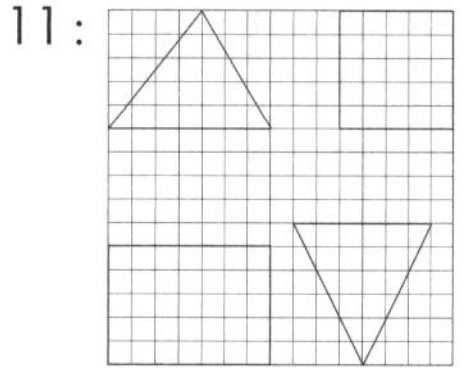

Page 82

12 : a) cercle b) rectangle c) carré d) ovale

13 :

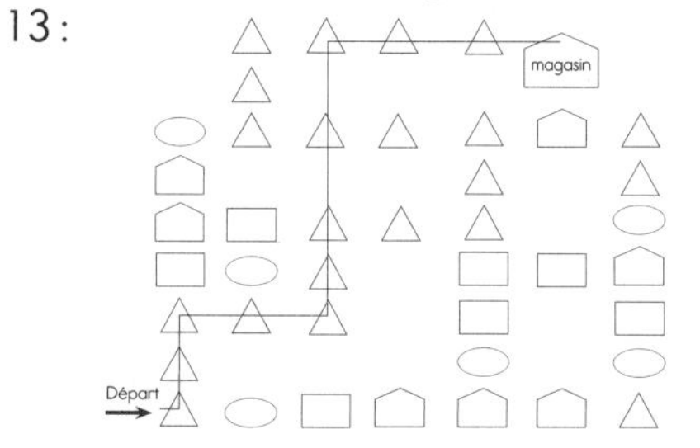

TEST 10.1

Page 83

1 : a) triangle b) carré c) cercle d) rectangle

2 : a) 3 b) 4 c) aucun d) 4

3 :

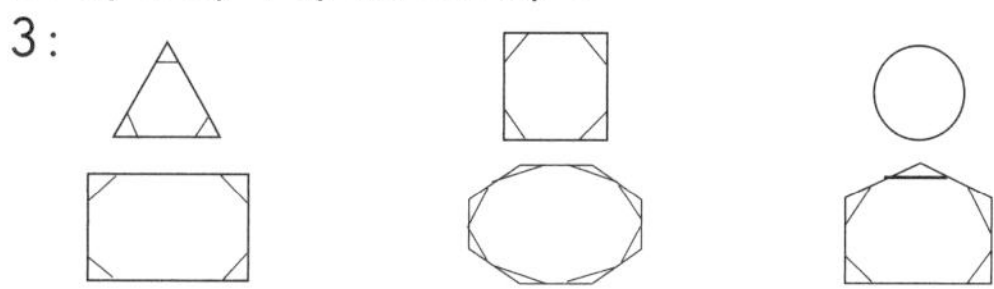

4 : a) carré b) triangle

Page 84

1 : triangles : 1, carrés : 10, rectangles : 2, cercles : 2

2 : reprendre la grille en plus petit. Voir épreuve pour les carrés

Page 85

3 :

4 :

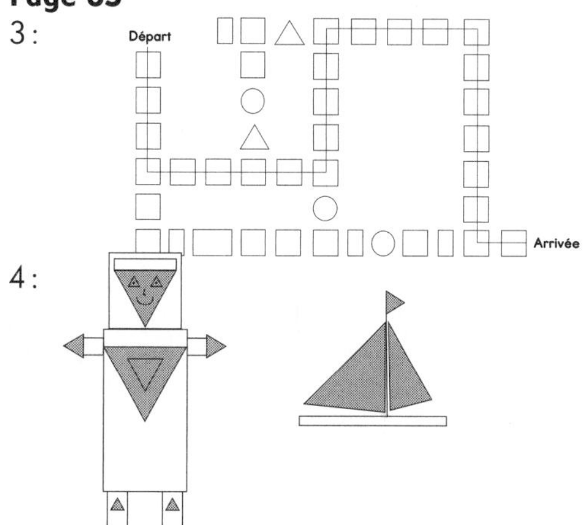

5:

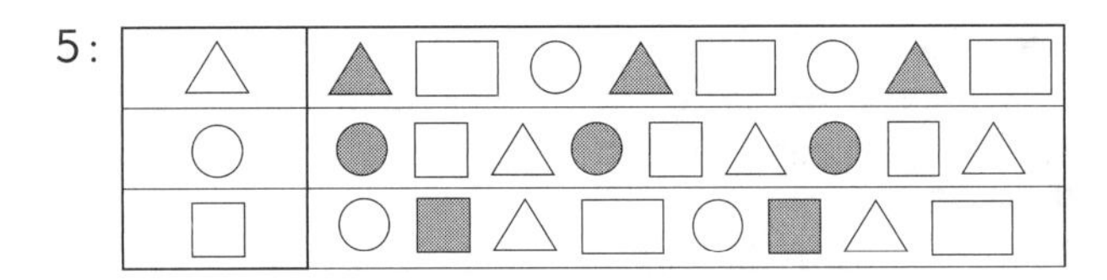

TEST 11

Page 87

1 : a) boule ou sphère b) cône c) cube d) cylindre e) prisme à base triangulaire f) pyramide à base carrée g) pyramide à base triangulaire h) prisme à base carrée i) prisme à base rectangulaire

2: a) carré b) triangle c) rectangle d) cercle

Page 88

1: a) 4 b) 5 c) 2 d) 1 e) 3

2: a et b

3: a) pyramide (1) b) cylindre (2) c) prisme à base triangulaire (1)

Page 90

5: a) 6 b) 2 c) 4 d) 5 e) 1 f) 6 g) 5 h) 6

6: Roulent: 1, 3, 6 Ne roulent pas: 2, 4, 5, 7, 8

Page 91

7: a, d, f dans 4; b, c, g dans 2; f dans 1

8: a)1 sphère et 1 cône b) 2 sphères et 1 cylindre c) 2 cylindres et 1 prisme à base carré c) 1 prisme à base triangulaire et 1 prisme à base rectangulaire d) 1 cube

9: glissent: 2, 4, 5, 7; glissent et roulent: 3, 6, 8; roulent: 1

Page 92

10: a, d et e

11:

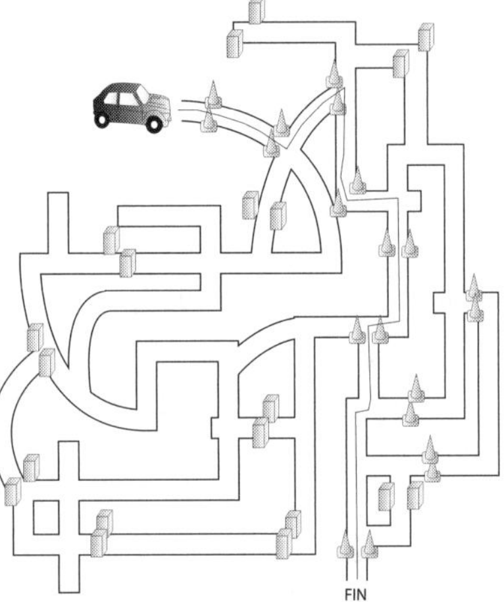

TEST 11.1

Page 93

1 : a) Boule ou sphère b) prisme à base rectangulaire c) prisme à base triangulaire d) prisme à base carrée e) cube f) cône g) cylindre h) pyramide à base carrée i) pyramide à base triangulaire

2: a) 3 b) 1 c) 4 d) 2

Page 94

1: a) 3 b) 2 c) 5

Page 95

4: 1 : cylindre; 2: pyramide 3: cube 4: cône

5: prisme

Page 96

5: a) cône b) prisme à base triangulaire c) boule d) pyramide à basse carrée e) cône f) prisme à base carrée g) cylindre h) prisme à base rectangulaire i) prisme à base carrée j) cube) k) cône l) cylindre

TEST 12

Page 97

1:

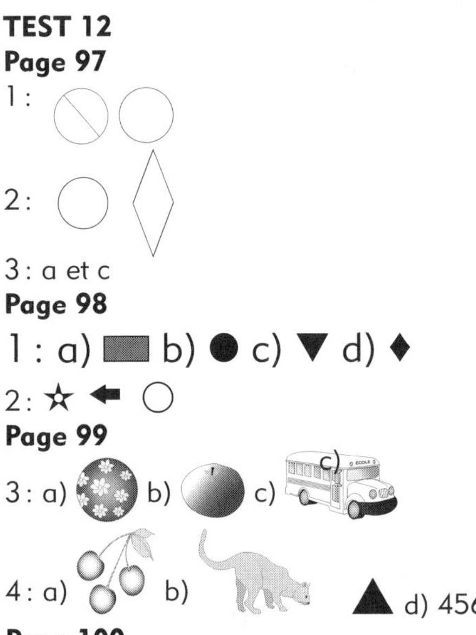

2:

3: a et c

Page 98

1 : a) ▬ b) ● c) ▼ d) ♦

2: ☆ ⬅ ○

Page 99

3: a) b) c)

4: a) b) ▲ d) 456

Page 100

5: a, b, c, d, e, g, h, i

6: Exemples: toute lettre ou tout objet pouvant être divisé en deux parties égales.

TEST 13

Page 101

1 : coccinelle, tasse

3: cheval

4: crayon: 18 cm, règle: 30 ou 15 cm selon la règle, paille: 20 cm.

Page 102

1 : La ligne droite mesure 7 cm, la ligne brisée mesure 10 cm.

2: a) 3 b) 1 c) 4 d) 2

3: Le chat

4: Objets à colorier: autobus, maison, paquebot.

Page 103

6: Objets mesurant 5 cm: brosse à dents, marteau, crayon.

7: 30 fleurs

Page 104

8: a) 7 cm b) 8 cm c) 3 cm d) 4 cm e) 4 cm f) 6 cm

9: flèche: 7, cases; balai: 6 cases; marteau: 5 cases

10: c, e, f

11 : a, c, f, b, d, e

Page 106

13: a) 13 b) 16

TEST 13.1
Page 107
1 : b, c
2 : a) Hauteur : 4 cm, Largeur : 4 cm b) Hauteur : 1,5 cm, Largeur : 6 cm
Page 108
1 : b
Page 110
4 : Moins de 1dm : a, b, d, e. Plus de 1 dm : c, f
5 : a) 6 cm b) 4 cm c) 3 cm d) 10 cm

TEST 14
Page 111
1 : a) midi b) 5 h c) 3h d) 4 h e) 1 h f) 11 h g) 9 h h) 6 h i) 8 h j) 7 h k) 10 h l) 2 h
Page 112
1 : a) 14 h b) 20 h c) 16 h d) 21 h e) 12 h f) 19 h g) 17 h h) 15 h i) 18 h j) 23 h k) 22 h l) 13 h
Page 113
2 : a) 6 h b) 12 h c) 20 h d) 19 h e) 10 h
Page 114
4 : a) 11 h b) 2 h c) 21 h d) 10 h e) 14 h f) 6 h g) 19 h h) 1 h i) 14 h j) 8 h k)15 h l) 12h
Page 115
Test 14.1
1 : a) 5 : 00 b) 12 : 00 c) 4 : 00 d) 6 : 00 e) 62 : 00 f) 11 : 00 g) 10 : 00 h) 7 : 00 i) 1 : 00 j) 9 : 00 k) 3 : 00 l) 8 : 00
Page 116
3 : a) 8 h 30 b) 9 h 15 c) 7 h 10 d) 15 h 20 e) 13 h 05 f) 19 h 15 g) 4 h 25 h) 2 h 35 i) 15 h 45

TEST 15
Page 119
1 : a) 10 b) 9 c) 6 d) 7
2 : a) impossible b) certain c) possible d) impossible
Page 121
3 : a) Baie-Comeau b) Trois-Rivières c) Il peut connaître les goûts de la majorité. d) 6
4 : Marc-Antoine a plus de chances de gagner dans le groupe 2 parce qu'il y a moins de participants.
Page 122
5 :

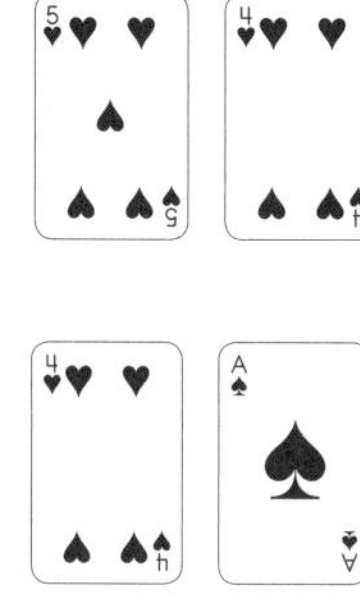
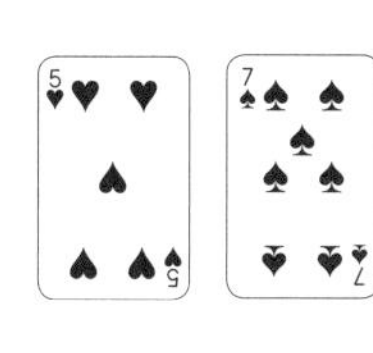

6 : Le hasard peut faire que les mêmes combinaisons reviennent souvent tout comme elles peuvent être différentes.

TEST 15.1
Page 123
1 : a et c sont impossibles
2 :

Patricia										
Luc										
Marie-Lou										
Simon										
Daniel										

Page 124
1 : 1 chien, 3 cochon, 3 vaches, 2 chevaux, 10 poussins.
Page 125
2 : a) possible b) impossible c) impossible d) certain e) certain
3 : c, parce que le centre de la cible est beaucoup plus grand.
Page 126
4 : a) 1 b) 9 c) 5 d) 7

TEST 16
Page 127
1 : a) Océane b) Marie c) Jacob d) Maude e) Alexandre f) Guillaume g) Gabriel h) Félix i) Nina
Page 128
1 : chapeau, gant soulier. Dans chaque case les figures sont dans un ordre différent.
2 : b) carré c) triangle d) triangle e) carré
Page 129
3 : Puisque Marie ne ment jamais, elle est au centre. Julie est au centre et Lucie à droite.
4 : Dominic, Yannick, William, Étienne, Mathieu
Page 130
5 : Maria mange des muffins. Hélène mange du gâteau. Paul mange de la tarte. Vincent mange du chocolat.
Page 131

Page 132

Page 133

Jeu 1

3	4	1	2
2	1	3	4
4	3	1	**1**
1	**2**	**4**	3

Jeu 2

4	**1**	2	3
3	**2**	4	1
1	4	3	**2**
2	3	**1**	4

Page 134

Jeu 1

3	**1**	**4**	**5**	6	**2**
2	**5**	6	**4**	3	**1**
6	**2**	5	**3**	**1**	4
4	**3**	**1**	6	**2**	**5**
1	4	**3**	2	**5**	6
5	6	**2**	**1**	**4**	3

Jeu 2

3	**2**	**1**	**5**	**4**	**6**
5	**6**	4	3	**1**	2
6	**5**	**2**	**1**	**3**	**4**
1	**4**	**3**	**2**	**6**	5
2	1	**6**	**4**	5	**3**
4	**3**	**5**	6	**2**	**1**